U0453561

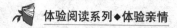

体验阅读系列◆体验亲情

手掌上的阳光

◎总 主 编：张忠义
◎本书主编：陈士权

花山文艺出版社

图书在版编目(CIP)数据

手掌上的阳光:体验亲情 / 陈士权主编. – 石家庄:
花山文艺出版社,2005.4(2021.5 重印)
("读·品·悟"体验阅读系列 / 张忠义主编)
ISBN 978-7-80673-569-5

Ⅰ.①手... Ⅱ.①陈... Ⅲ.①语文课—课外读物
Ⅳ.①G634.303

中国版本图书馆 CIP 数据核字(2005)第 008110 号

丛 书 名:体验阅读系列
总 主 编:张忠义
书　　名:**手掌上的阳光(体验亲情)**
主　　编:陈士权

策　　划:张采鑫
责任编辑:于怀新
特约编辑:李文生
责任校对:李　鸥
全案设计:北京九洲鼎图书有限公司
出版发行:花山文艺出版社(邮政编码:050061)
　　　　　(河北省石家庄市友谊北大街 330 号)

销售热线:0311-88643221
传　　真:0311-88643234
印　　刷:永清县晔盛亚胶印有限公司
经　　销:新华书店
开　　本:710×1000　1/16
印　　张:9.5
字　　数:170 千字
版　　次:2005 年 4 月第 1 版
　　　　　2021 年 5 月第 4 次印刷
书　　号:ISBN 978-7-80673-569-5
定　　价:35.00 元

(版权所有　翻印必究·印装有误　负责调换)

目 录

母亲是一种岁月

1

手掌上的阳光

一辈子为你加油

天堂的玫瑰

　　母爱,是人类一个亘古不变的主题。母爱就像一首田园诗,幽远纯净,和雅清淡;母爱就是一幅山水画,洗去铅华雕饰,留下清新自然;母爱就像一首深情的歌,婉转悠扬,轻吟浅唱;母爱就是一阵和煦的风,吹去朔雪纷飞,带来春光无限。没有历史史诗的撼人心魄,没有风卷大海的惊波逆转,母爱就像一场春雨,一首情歌,润物无声,绵长悠远。

母亲是一种岁月

    我们终于长大了，从一个男孩变成一个男人，从一个女儿变成一个母亲。当我们以为肩头挑起责任也挑起命运的时候，当我们似乎可以傲视人生的时候，也许有一天，我们突然发现，我们白发苍苍的母亲正以一种充满无限怜爱，无限关怀，无限牵挂的目光在背后注视着我们。

三件不能让母亲知道
真实结果的往事

◆阿健

> 我只要知道母亲是爱我的，而我能给予母亲的最大安慰就是——让母亲知道正是这爱成就了儿子的人生幸福。

我是个乡下孩子。母亲是土生土长的乡下人，没什么文化。但没文化的母亲对孩子的爱并不会因为愚昧、不科学的原因而比有文化的母亲少一分，只不过有的时候会以"特别"的形式表现出来而已。

念高三那年的一个周末，母亲第一次搭别人的车来到县城的一中。在递给我两罐咸菜后，又兴奋地塞给我一盒包装得挺漂亮的营养液，我惊讶地问母亲："咱家那么困难，买它干什么？"母亲很认真地说："听人家说，这东西补脑子，喝了它，准能考上大学。"我摩挲着那盒营养液，嘟囔着："那么贵，又借钱了吧？"母亲一笑："没有！是用手镯换的。"那只漂亮的银手镯是外祖母传给母亲的，是贫穷的母亲最贵重的东西了，多年来一直舍不得戴，压在箱底。

母亲走后，我打开一小瓶营养液，慢慢地喝下了那浑浊的液体，没想到我当天晚上便被送进医院。原来母亲带来的那盒营养液是伪劣产品。回到学校，我把它全扔了。

当我接到大学录取通知书时，母亲欣然道："那营养液还真没白喝呀，当初你爸还怕人家骗咱呢。"我使劲儿点着头。

一个炎炎夏日，正读大学的我收到一个来自家里的包裹单。我急匆匆赶到邮局取邮包，未及打开那个里三层外三层包裹得格外严实的小纸箱，一股浓浓的馊味已扑面而来。屏着呼吸打开才发现里面装的是5个煮熟的鸡蛋，经过千里迢迢的邮途，早已变质发臭。心里禁不住埋怨：也不动动脑子，这么大的城市，什么样的鸡蛋吃不到？大热天的，还那么老远从乡下寄，肯定要坏的。

很快，母亲让邻居代写的信飞至。原来，前些日子家乡正流行一种说法，说母亲买5个鸡蛋，煮熟了送给儿女吃，就能保儿女的平安。母亲在信中还一再嘱咐，让我一定要一口气吃掉那5个熟鸡蛋……

读信的那一刻，我心里暖融融的，仿佛母亲就站在面前，慈祥地看着我吃下了

5个鸡蛋。放暑假回家，母亲问我鸡蛋是否坏了，我笑着说："没有，我一口气都吃了。"于是，我看到母亲一脸的幸福，阳光般灿烂。

毕业前，我写信告诉母亲我处女朋友了。母亲十分欢喜，很快寄来了一条红围巾。当我拿给女友时，她不屑地说："多土啊，你看现在谁还围它？"女友说得没错，城里女孩子，几乎没有一个围这种围巾的。

后来，我跟女友的关系越来越淡，最后只得分手。那日，我问她："那条红围巾呢？""那破玩意儿我早扔了，你要，我可以再给你买一打。"我当然没有要一打，只是心里充满悲哀，为母亲那条无辜的红围巾。

后来当我和妻恋爱时，我送给她的第一件礼物，就是跟母亲那条一模一样的红围巾，并告诉她是母亲买的。妻很珍惜。

后来，母亲曾自豪地跟很多人说："一条红围巾，一下子就帮儿子拴住了一个好媳妇……"看着母亲那一脸的喜悦，我当然不能告诉母亲，这个媳妇不是用她那条红围巾"给拴住的"……

不过这有什么关系呢，我只要知道母亲是爱我的，而我能给予母亲的最大安慰就是——让母亲知道正是这爱成就了儿子的人生幸福，所以这三件事的真相我决定永远不告诉母亲。

文中的三件事，件件都体现出妈妈的"土"和"没文化"，可件件都凝聚着妈妈对儿子的爱，让儿子知道，正是因为妈妈的爱才感到自己是多么的幸福。

1. 倘若妈妈知道了自己用压箱底的手镯换来的营养液使自己的儿子生病了，她将会受到什么样的打击？

2. "一条红围巾，一下子就帮儿子拴住了一个好媳妇……"这句话实际上应该说是拴住了谁？

母爱：生而为一棵树

◆王维兴

> 只有当脚步接近荒原接近情感的边缘地带
> 时，对于绿的渴望才使旅人回头寻觅。

是一次偶然的机会，一幅很简单的画面拨动了我的心弦。

是那种很老旧的仿日式小楼。略显笨拙的门廊下，站着一个十一二岁的小女孩儿，手里摆弄着一只红艳艳的蝴蝶结。在她的身后，她的母亲贴近她站着，正在细心地为她梳头。晨光从街对面的楼顶上斜铺过来，将门廊分成界限清晰的两部分，一明一暗。小女孩就站在这奶水一样的阳光中，全身流淌着透明的新鲜与灵气，像摇曳在晨风中的一朵新蕾。母亲则被推在暗影里，辨不清面容，只有恒久的安详与幸福隐约在眉宇间。也许是谁说了个笑话，母女二人忽然开心地笑起来，满门廊都鼓荡着、拥塞着灿若朝霞的笑声。

似乎有一双手抚过我的心灵，温暖立刻弥漫了全身，那种感觉似曾相识又难以描述。记忆的叶片纷纷飘落，叠印出数不清的浅色画面，有相似的情节相似的故事，那背景却清晰多变，雨地里、阳光下、有风而多雪的冬夜。家的面貌从遥远的地方一下子飞到了眼前。

那是一片亲情的海啊！

母爱就从云蒸霞蔚中突现出来，如久雨后的彩虹，满世界一片澄明。我试着用诗的触角感知她。于是，我看见一棵缀满花朵的树安详地沐浴在阳光中。

譬如一株柳。

就是在城市和乡村都极易见到的那种树。春天里披一身鹅黄，仲夏里撑一地浓荫，安安静静地生长在每个人的视野中。细密的叶片、柔软的枝条将她的整个身子都遮没了。雨天里或者阳光下，她更像一位淡妆肃立的女子。她的普遍导致了她的普通，而她天性的安静又使她默默无闻。漫漫旅途中，在路旁或水边，能有几人会因为一株柳的突然出现而驻足感叹？只有当脚步接近荒原接近情感的边缘地带时，对于绿的渴望才使旅人回头寻觅。在远方，那株柳仍然绿意葱茏地独立在风中。这道遥远的风景很容易使人伤感，旅人便很自然地想起了童年和少年的大段时光。

那么母爱生而为一株柳。

譬如一株枣树。

小巷的土墙边、山涧的崖畔上、河埠头、沟谷中，似乎没有什么条件可以限制她的脚步。她的躯干生来与粗壮无缘,春天里她静立一隅,生一树小小的叶片,挑一枝淡黄的星样的花朵。那时她的瘦弱单薄很让人担心,让人怀疑那样绵软甘甜的枣子是不是这样的躯干捧出来的。然而不久就证实了,面对秋风中挂满枝头的小灯笼似的红果,没有人否认那是她苦心凝聚的爱的糖汁。那份甘香穿越寒暑,历久弥香,引着漂泊的游子不远万里,叩响家门……

她的生命力是如此顽强,她从未苛求更多的水、空气和阳光,她不需施肥、浇水,似乎也没有人想要为她施一点儿肥浇一些水。在乡人的眼里,她的生长开花结果似乎都是自然而然的事,用不着为此大惊小怪费力伤神。他们在秋天里采撷她的果实时不必稍存愧疚或者感激。

那么,母爱生而为一株枣树。

譬如一株红枫。

她在秋天轰轰烈烈地燃起一身火一般的红叶,是否是一次生命的耗损?一次真爱的释放呢?在红枫的一生中,谁能数得清这样的释放究竟有多少回?

譬如一丛冬青。是什么力量支撑着她独对严寒笑迎风雪,历经坎坷依然不枯不谢不恨不悔呢?

那么,母亲生而为一株红枫,或者冬青。

……

面对一棵树,柳或者枣树,或者其他的某一种树,我们是否意识到我们正被包容在她的爱心之中呢?

面对一棵树,我们在感叹她的精神之外,是否想过树的自身,想过她的欢乐与忧伤、孤独与寂寞?雨天里,她挺着已湿透了的身子站在泥泞中,是否也曾因为自己的孑然一身而黯然神伤?没有星光或月光的寒夜,她是否也曾感到恐惧与孤单?自小嬉戏在膝下的孩子们一个个离开了,她是否也曾有过令人心痛的依恋与无奈?匆忙于季节生生不息的脚步中,她是否想过要歇一歇脚喘一口气……

面对一棵树,在接受了她浓荫的慰藉之后,在歆享了她生命的果实之后,我们是否想过要为她做点儿什么,比如为她遮一遮风挡一挡雨,比如坐下来倾听她心底的诉说,比如尽我们的力量给她更多的理解、更多的微笑……

那么,面对母爱呢?

面对母爱,正如面对一棵树,我们心清如水,倾听叶落的声音……

罗丹说过,对于我们的眼睛来说,世上不是缺少美,而是缺少发现。本文能从母爱这一题材翻出深意和新意,不能不让人佩服作者对生活的用心观察。

放飞思维

1．树与母亲有什么联系？
2．读过此文，我们感叹母亲的给予，那么，我们如何面对母爱呢？

母亲是一种岁月

——献给5月8日母亲节

◆张建星

> 岁月的流逝是无言的，当我们对岁月有所感觉时，一定是在非常沉重的回忆中。而对母亲的牺牲真正有所体会时，我们也一定进入了付出和牺牲的季节。

少年的时候，对母亲只是一种依赖。青年的时候，对母亲也许只是一种盲目的爱。只有当生命的太阳走向正午，人生有了春也开始了夏，对母亲才有了深刻的理解，深刻的爱。

我们也许突然感悟，母亲其实是一种岁月，从绿地流向一片森林的岁月，从小溪流向一池深湖的岁月，从明月流向一片冰山的岁月。

随着生命的脚步，当我们也以一角鱼尾纹，一缕白发在感受母亲额头的皱纹、母亲满头白发的时候，我们有时竟难以分辨，老了的，究竟是我们的母亲，还是我们的岁月？我们希望留下的究竟是那铭心刻骨的母爱，还是那点点滴滴、风尘仆仆、有血有泪的岁月？

岁月的流逝是无言的，当我们对岁月有所感觉时，一定是在非常沉重的回忆中。而对母亲的牺牲真正有所体会时，我们也一定进入了付出和牺牲的季节。

有时我在想，作为母亲，仅仅是养育了我们吗？倘若没有母亲的付出，母亲的牺牲，母亲博大无私的爱，这个世界还会有温暖、有阳光、有我沉甸甸的泪水吗？

我们终于长大了，从一个男孩变成一个男人；从一个女儿变成一个母亲。当我们以为肩头挑起责任也挑起命运的时候，当我们似乎可以傲视人生的时候，也许有一天，我们突然发现，我们白发苍苍的母亲正以一种充满无限怜爱，无限关怀，无限牵挂的目光在背后注视着我们。我们会在刹那间感到，在母亲的眼里，我们其实永远没有摆脱婴儿的感觉，我们永远是母亲怀里那个不懂事的孩子。

我们往往是在回首的片刻,在远行之前,在离别之中,发现我们从未曾离开过母亲的视线,离开过母亲的牵挂。"谁言寸草心,报得三春晖。"我总在想,我们又能回报母亲什么呢?

母亲是一种岁月。无论是我个人的也许平庸也许单纯的人生体验,还是整个社会前进给我的教诲和印证,在绝无平坦而言的人生旅途,担负最多痛苦,背着最多压力,咽下最多泪水,仍以爱,以温情,以慈悲,以善良,以微笑,对着人生,对着我们的,只有母亲!永远的母亲!

没有母亲,生命将是一团漆黑;没有母亲,社会将失去温暖。那是在我认为生命最艰难的时刻,面对打击,面对失落,我以为完全失去了。就在那一刻,是母亲的一句话,让我重新启程。看着我掩饰不住的沮丧,母亲说,该知足了!日子还长!

于是我便理解了,为什么这么多哲人志士,将伤痕累累的民族视为母亲,将涛声不断的江河视为母亲,将广阔无垠的大地视为母亲。

因为能承受的,母亲都承受了;该付出的,母亲都付出了。而作为一种岁月,母亲既是民族的象征,也是爱的象征。

也许因为我无以回报流淌的岁月所赐予我的。所以,我无时无刻不在爱着我的母亲,我的老母亲。在我眼里母亲是一种永远值得洒泪的感怀的岁月,是一篇总也读不完的美好故事。

岁月无痕,母爱无声。文章不仅是作者吟唱对自己母亲爱的心曲,更是高歌对天下所有母亲爱的衷曲。作者抒发了对母亲的爱,也融合着对民族、对祖国的热爱。于是,文章细腻而缠绵的亲情扩展为一种博大而豪放的感情——既含蓄又热烈,既明澈又凝重。

1.为什么说"在母亲的眼里,我们其实永远没有摆脱婴儿的感觉,我们永远是母亲怀里那个不懂事的孩子"?

2.为什么说母亲既是民族的象征,也是爱的象征?

母　亲

◆彭名燕

我们当儿女的只能用无尽的思念去掂量几十个春秋里母爱的分量有多深重。

那是一个残酷的日子。

我痛恨心脏病，它居然这么快就夺走了那么健康那么有活力的母亲的生命。前几天她还抚琴吟唱，准备登台表演，人们都说她能活95岁。谁想她才84岁就飘然而去，她远远没有活够呀……我捶胸顿足叩问苍天，这是为什么？

从小到大，我从来没有经历过与最亲最爱的人永别的滋味。也许是太缺乏思想准备，一旦事情临到自己头上，竟然会觉得绚丽的生活突然失去了光彩，心灵的剧痛把挺拔的灵魂压弯了压碎了。好多日子过去了，悲痛并没有随着时间的逝去而淡化。夜里骤然醒来，才知泪水湿了枕头。我一点点回忆往事，从上幼儿园到大学毕业，从走入社会到自己养育后代，得意也好失意也好，长长的人生小河上，每片帆影每圈涟漪都与母亲息息相关。这时我终于明白，母亲是什么……

母亲是疲惫中的一杯龙井。当你软弱无力时，只消几口就使你神清气爽。

母亲是烦恼中的一曲古筝。当你意气消沉时，优雅的旋律一飘荡，眼前立即一片青翠。

母亲是冬夜里一床丝棉被。当你瑟瑟发抖时，贴心的呵护和温暖使你安然入梦。

母亲是挫折中的阵阵清风。当你惊惶伤心时，为你拭去焦躁的汗水，梳理好零乱的思绪。

母亲是困难中的一根拐杖。当你脚步蹒跚时，帮助你找好重心，支撑起一片希望的原野。

母亲是沙漠中的一眼清泉。当你干渴病痛时，只消一滴，滚滚的生命汪洋就会在心中漫延。

母亲是荒寂中的一朵鲜花。当你落寞惆怅时，看一眼满目生辉，闻一下香沁心脾，心灵得到恬适，不会孤独。

母亲是黑夜中的一颗明星。当你不辨方向时，一束柔光指引你迈开坚定的脚步。

母亲是航行中的一道港湾。当你颠簸受伤时，头枕她的臂膊，舔舔伤口，补充精力，再次高高扬帆……

母亲是……母亲是世界上最芳香、最伟大、最温暖、最美好、最强大、最光明的同义语。

看惯了母亲容光焕发的样子,我以为母亲永远不会走,也希望她永远不要走!即使我走了她也不要走。很小的时候我做过一个梦,母亲走了,我哭醒了,醒来知道是梦,我笑出了声。多么希望眼前的一切仍然是梦,那么我一睁眼肯定会笑出眼泪……

那天,我看见母亲躺在那个神秘的地方,那么安详,那么细嫩,那么圣洁,面带微笑……我连哭都舍不得,生怕把她老人家惊醒了。我在心里说:妈妈,您太美了,完全是一尊玉雕! 那一刻,我觉得死比生还要辉煌。

母亲的脚步太匆忙了,就像她平时的性格一样,从不麻烦人,舍不得给儿女添乱,甚至不给儿女和91岁的老伴一个长一点儿守候病榻的机会。几天工夫说走就走,留下一长串勤劳、俭朴、踏实、温馨的脚印。我们当儿女的只能用无尽的思念去掂量几十个春秋里母爱的分量有多深重。

她虽然走了,但她老人家的气息仍然萦绕在家的每一寸空间,她用过的毛巾、茶杯、被子、枕头、拖鞋、药瓶、针线、手表、老花镜、圆珠笔、电话本、录音机、电子琴,手抄歌本,老协舞蹈队的演员服……全都显示了一个乐观开朗的生命年轮的顽强和执著。那一道道印迹早已刻入了儿孙后代的灵魂中,展不平,抹不掉。我们的生命历程融入了母亲生命的每一朵浪花,每一组旋律,每一句叮咛,每一声欢笑,每一个眼神,每一步足印。可以说,母亲没有走,她随时随地都在我们身边,她对儿女的关注从地上来,从天上来,从海上来,从山上来,从彩霞和月光中来,直达儿孙亲人所在的成都、北京、深圳、重庆、上海、昆明、武汉、南非、德国……像太阳一样照亮儿孙的千秋长路。

我完全相信,母亲的的确确是得到了永生!

想到这里,我渐渐觉得生活又恢复了绚丽的色彩。

文章既抒写了作者失去母亲的无限悲痛的心情,又唱响了一曲献给母亲的情深意挚的颂歌。本文不重叙事而重在抒情。那些深情而又贴切的比喻,那些发自肺腑的感受,不断激起情感的浪花,不断叩响读者的心弦,从而引起普天下做儿女的深切的共鸣。

1.作者引用小时候做过的梦,道出了作者对母亲怎样的情感?

2.作者说当儿女的只能用无尽的思念去掂量几十个春秋里母爱的分量有多深重,你能掂量得出来吗?

母 亲

◆肖复兴

无论多晚回家，那小屋里的灯总是亮的，橘黄色的灯光里是妈妈跳动的心脏。只要妈妈在，那小屋便充满温暖，充满了爱。

世上有一部永远写不完的书，那便是母亲……

那一年，我的生母突然去世，我不到8岁，弟弟才3岁多一点儿，我俩朝爸爸哭着闹着要妈妈。爸爸办完丧事，自己回了一趟老家。他回来的时候，给我们带回来了她，后面还跟着一个小姑娘。爸爸指着她，对我和弟弟说："快，叫妈妈！"弟弟吓得躲在我身后，我噘着小嘴，任爸爸怎么说就是不吭声。"不叫就不叫吧！"她说着，伸出手要摸摸我的头，我扭着脖子闪开，就是不让她摸。

望着这陌生的娘儿俩，我首先想起了那无数人唱过的凄凉小调："小白菜呀，地里黄呀，两三岁呀，没有娘呀……"我不知道那时是一种什么心绪，总是忐忑不安地偷偷看她和她的女儿。

在以后的日子里，我从来不喊她妈妈，学校开家长会，我硬是把她堵在门口，对同学说："这不是我妈。"有一天，我把妈妈生前的照片翻出来挂在家里最醒目的地方，以此向后娘示威。怪了，她不但不生气，而且常常踩着凳子上去擦照片上的灰尘。有一次，她正擦着，我突然向她大声喊着："你别碰我的妈妈。"好几次夜里，我听见爸爸在和她商量："把照片取下来吧！"而她总是说："不碍事儿，挂着吧！"头一次我对她产生了一种说不出的好感，但我还是不愿叫她妈妈。

孩子没有一个是省油的灯，大人的心操不完。我们大院有块平坦、宽敞的水泥空场。那是我们孩子的乐园，我们没事便到那儿踢球、跳皮筋，或者漫无目的地疯跑。一天上午，我被一辆突如其来的自行车撞倒，重重地摔在水泥地上，立刻晕了过去。等我醒来的时候，已经躺在医院里了，大夫告诉我："多亏了你妈呀！她一直背着你跑来的，生怕你留下后遗症，长大了可得好好孝顺她呀……"

她站在一边不说话，看我醒过来便伏下身摸摸我的后脑勺，又摸摸我的肚子。我不知怎么搞的，第一次在她面前流泪了。

"还疼？"她立刻紧张地问我。

我摇摇头，眼泪却止不住。

"不疼就好，没事就好！"

回家的时候，天已经全黑了。从医院到家的路很长，还要穿过一条漆黑的小胡同，我一直伏在她的背上。我知道刚才她就是这样背着我，跑了这么长的路往医院赶的。以后的许多天里，她不管见爸爸还是见邻居，总是一个劲埋怨自己："都赖我，没看好孩子！千万别落下病根呀……"好像一切过错不在那硬邦邦的水泥地，不在我那样调皮，而全在于她。一直到我活蹦乱跳一点儿没事了，她才舒了一口气。

没过几年，三年自然灾害就来了，只是为了省出家里一口人吃饭，她把自己的亲生闺女，那个老实、听话、像她一样善良的小姐姐嫁到了内蒙古。那年小姐姐才18岁，我记得特别清楚，那一天，天气很冷，爸爸看小姐姐穿得太单薄了，就把家里惟一一件粗线毛大衣给小姐姐穿上。她看见了，一把给扯了下来："别，还是留给她弟弟吧，啊！"车站上，她一句话也没说，只是在火车开动的时候，向女儿挥了挥手。寒风中，我看见她那像枯枝一样的手臂在抖动，回来的路上她一边走一边唠叨："好啊，好啊，闺女大了，早点儿寻个家好啊，好啊！"我实在是不知道人生的滋味儿，不知道她一路上叨叨的这几句话是在安抚她自己那流血的心。她也是母亲，她送走自己的亲生闺女，为的是两个并非亲生的孩子，世上竟有这样的后母？望着她那日趋隆起的背影，我的眼泪一个劲往外涌。"妈妈！"我第一次这样称呼了她，她站住了，回过头来，愣愣地看着我不敢相信这是真的，我又叫了一声"妈妈"，她竟"呜"的一声哭了，哭得像个孩子。多少年的酸甜苦辣，多少年的委屈，全都在这一声"妈妈"中融解了。

母亲啊，您对孩子的要求就是这么少……

这一年，爸爸因病去世了，妈妈先是帮人家看孩子，以后又在家里弹棉花，攒线头，她就是用弹棉花攒线头挣来的钱供我和弟弟上学。望着妈妈每天满身、满脸、满头的棉花毛毛，我常想亲娘又怎么样?! 从那以后的许多年里，我们家的日子虽然过得很清苦，但是，有妈妈在，我们仍然觉得很甜美，无论多晚回家，那小屋里的灯总是亮的，橘黄色的灯光里是妈妈跳动的心脏。只要妈妈在，那小屋便充满温暖，充满了爱。

我总觉得妈妈的心脏会永远地跳动着，却从来没想到，我们刚大学毕业的时候，妈妈却突然地倒下了，而且再也没有起来。妈妈，请您在天之灵能原谅我们，原谅我们儿时的不懂事，而我永远也不能原谅自己。我知道在这个世界上，我什么都可以忘记，却永远不能忘记您给予我们的一切……世上有一部永远写不完的书，那便是母亲。

读罢全文，我们被文中母亲的心灵深深地震撼了！文中的养子受后母太多的呵护和关爱，而他却如此执拗而冷漠地对待后母，以至于他觉得"我永远也不能原谅自己"！这位母亲是生活的强者，她有一种风骨，一种品味，一种神圣的母爱所支撑的耐心。她不动声色地把一大堆关怀和体贴送入你心中，让你承受，让你感动一辈子。

1.你能体会母亲嫁女儿时的心境吗？

2.后母的付出并没有想得到回报，仅仅叫一声"妈妈"就被感动得嚎啕大哭，这样的描写，体现出了作者怎样的感情？

爱 有 味 道

◆云 彩

妈说着说着竟然眼泪就下来了，流到我嘴里，涩涩的。我脑子里一片空白，品着眼泪咸咸涩涩的味道，心里暗想，原来亲情和爱是有味道的。

说来惭愧，小时候常挨打。挨打多了以至于我从小就不爱流泪，我妈打我时，最多也就哼哼两声。印象当中，小学时上课玩火柴，把抽屉里的课本点着了，捎带着把眉毛也烧了一半，那一回我哭了，一是知道半边眉毛难看，另外也是怕学校开除我。

上初中时我一帆风顺，眼泪跟金子般宝贵。

高中时因为期末数学只考了7分，被妈妈当众揪着耳朵拷问，连羞带急我忍无可忍哭了。

再就是大学里因为没入党和另外一些不太成熟的感情问题也哭过几回。

最近一次就是昨天，我在深圳这个举目无亲的城市里发起了高烧。正当我烧得天昏地暗时，电话响了，一看居然是家里的号码，我鼻子一酸一声"妈——"刚出口便"哇——"地哭了出来。毕业后，我最大的渴望就是远离妈，不再领略她厉害的巴掌，才选择了在外闯荡，一年难得与她见上一面。在我心中，我的妈妈一直是铁石心肠，从没给过我柔情和母爱，我没有必要把哭声打住，我哭得日月无光，就像

13

当年孟姜女哭倒长城那样哭得山崩地裂。

今天早晨，我刚打开手机，跳入耳朵的竟是妈妈的声音，妈妈说，她在深圳机场一直没打通我的电话，让我告诉她我住在哪儿她好打车过来，我简直不敢相信自己的耳朵，腾地从床上跳了起来，说："您等着我去接您。"我发现自己的病好了。

坐在床头，我打量久未见面的妈妈，我的脑海里浮现出她原来动不动就会打我的样子，甚至有时候嫌打我手疼，她干脆掐我，我的胳膊、大腿都曾经留下过她罪恶的痕迹。

此刻，我望着她，她也望着我，突然，她令我陌生地一下子地将我搂在怀里，在我的头上抚摸着跟我说："彻底长大了，妈以后再也舍不得打你了。云子，妈前天梦见你病了，一打电话，果然……"妈说着说着眼泪竟然就下来了，流到我嘴里，涩涩的。我脑子里一片空白，品着眼泪咸咸涩涩的味道，心里暗想，原来亲情和爱是有味道的。

小时候挨打都不流泪，初中、高中乃至大学中也很少哭，此刻在病中仅仅是因为接到妈妈的电话，却哭得山崩地裂！而妈妈从电话中的哭声应验了前天的梦！原来亲情和爱从眼泪中也可以品味出其中的味。

1. 以前的哭是为什么？工作后病中接到妈妈的电话的哭又是为什么？

2. 妈妈的梦为何如此应验？

3. 妈妈的眼泪咸咸涩涩的味道就是亲情和爱的味道？

生命不仅属于自己

◆ 肖复兴

也许，只有母亲才会这样对待生命。她将生命不仅仅看成自己的，而是关系着每一个孩子，将她的爱通过生命的方式传递。

母亲已经去世十几年了，怪得很，还是在梦中常常见到，而且是那样清晰。一个人与一个人的生命就是这样系在一起，并不因为生命的结束而终止。

记得那一年母亲终于大病初愈了,那时,我刚刚大学毕业。一直躺在病床上的母亲消瘦了许多,体力明显不支,但总算可以不再吃药了,我和母亲都舒了一口气。记不得是从哪一天的清早开始,我忽然被外屋的动静弄醒,有些害怕。因为母亲以前得的是幻听式精神分裂症,常常是在半夜和清晨时突然醒来跳下床,我真是生怕她的旧病复发。我悄悄地爬起来往外看,只见母亲穿好了衣服,站在地上甩胳膊伸腿弯腰的,有规律地反复地动作着,显然是她自己编出来的早操。我的心里一下子静了下来,母亲知道练身体了,这是好事,再老的人对生命也有着本能的向往。

大概母亲后来发现了每早的锻炼吵醒了我的懒觉,便到外面的院子里去练她自己杜撰的那一套早操,她的胳膊腿比以前有劲儿多了,饭量也好多了。正是冬天,清晨的天气很冷,我对母亲说:"妈,您就在屋子里练吧,不碍事的,我睡觉死。"母亲却说:"外面的空气好。"

也许到这时我也没能明白母亲坚持每早的锻炼为了什么。后来有一次我开玩笑说她:"妈,你可真行,这么冷,天天都能坚持!"她说:"咳,练练吧,我身子骨硬朗点儿,省得以后给你们添累赘。"这话说得我的心头一沉,我才知母亲所做的一切是为了孩子,她把生命的意义看得是这样的直接和明了。在以后的很多日子里,我常常想起母亲的这句话和她每天清早锻炼身体的情景,便常让我感动不已。一直到母亲去世的那一天,她都没给孩子添一点儿累赘。母亲是无疾而终,临终的那一天,她将自己的衣服包括袜子和手绢洗得干干净净,整齐地叠放在柜门里。

也许,只有母亲才会这样对待生命。她将生命不仅仅看成自己的,而是关系着每一个孩子,将她的爱通过生命的方式传递。其实,我们每一个人的生命都是这样的,都不仅仅属于自己,都会天然地联系着他人,尤其是自己的亲人。只是有时我们不那么想或想得不周,总以为生命是属于自己,自己痛苦就痛苦罢了,而不那么善待甚至珍惜,不知道这样是会连及亲人的。他们现在会为我们日夜担心,日后会为我们辛苦操劳。这样的例子不止一人,我的弟弟就是其一。他饮酒成性,喝得胃出血,一边吃药一边照样抓着酒瓶子不放。大家常常劝他,他却死猪不怕开水烫。不止一个人说他:"你得注意点儿身体,要不会喝出病来的,弄不好连命都得搭进去。"他却说一句:"无所谓。"照样以酒为乐,以酒为荣,根本没考虑到他的妻子他的孩子包括我在内会也是那样轻巧得无所谓吗?他连起码想想如果有一天真是喝出病来不可收拾的时候,会给亲人带来多少痛苦都没有过。

每次看到他这样子,我便想起母亲,我也曾将母亲当时锻炼的情景告诉给他,但似乎他无动于衷。想想,他没有亲身感受到那情景,母亲每天清晨锻炼身体而想着包括我和他在内的孩子的当时,他喝酒喝得正痛快淋漓着呢。或许,这就是孩子和母亲的区别。只有孩子才始终是母亲的连心肉,孩子脱离母体之后总以为是飞跑了的蒲公英可以随处飘落而找不到了根系。

我们常说一个人和一个人感情是可以相通的，其实，一个人和一个人的生命更是可以相连的。

母亲和弟弟两种截然不同的生活方式，仅仅是因为弟弟是母亲的儿子就无穷尽地汲取母亲的心血?还是因为是母亲才想到不拖累儿孙，母亲的一句"我身子骨硬朗点儿，省得以后给你们添累赘"包括了多少爱啊!

1.母亲的锻炼有两处描写,体现了母爱对孩子的爱,是哪两处?
2.你认为孩子和母亲的区别在哪里?

纸　　船
——寄母亲

◆冰 心

粼粼的海波，澎湃的海潮，复苏了诗人爱海的童心;碧绿的海水，飞翔的海鸥，使诗人又与自然亲近。

我从不肯枉弃了一张纸，
总是留着——留着，
叠成一只一只很小的船儿，
从舟上抛下在海里。
有的被天风吹卷到舟中的窗里，
有的被海浪打湿，沾在船头上。
我仍是不灰心的每天的叠着，
总希望有一只能流到我要它到的地方去。
母亲，倘若你梦中看见一只很小的白船儿，
不要惊讶它无端入梦。
这是你至爱的女儿含着泪叠的。
万水千山，求它载着它的爱和悲哀归去。

心灵体验

这首诗是在海轮上创作的。

郯郯的海波，澎湃的海潮，复苏了诗人爱海的童心；碧绿的海水，飞翔的海鸥，使诗人又与自然亲近。冰心早期人生观"爱"的哲学中的三根支柱——母爱、童心、自然，只有"童心""自然"在此时得以复活和重现，而"母爱"则因远离母亲而无法亲近。因而诗人格外怀念母亲，甚至因思念母亲而得病，又因在梦中得见母亲而病愈。这首诗就抒写了诗人思念母亲的深情。

 **放飞思维**

1. 这首诗表现了作者冰心怎样的情结？
2. 请试着以诗歌的形式写一篇赞美、怀念母亲的诗。

荷叶母亲

◆冰 心

母亲啊！你是荷叶，我是红莲，心中的雨点来了，除了你，谁是我在无遮拦天空下的荫蔽？

父亲的朋友送给我们两缸莲花，一缸是红的，一缸是白的，都摆在院子里。

8年之久，我没有在院子里看莲花了——但故乡的园院里，却有许多；不但有并蒂的，还有三蒂的，四蒂的，都是红莲。

9年前的一个月夜，祖父和我在院里乘凉。祖父笑着和我说："我们园里最初开三蒂莲的时候，正好我们大家庭里添了你们三个姊妹。大家都欢喜，说是应了花瑞。"

半夜里听见繁杂的雨声，早起是浓荫的天，我觉得有些烦闷。从窗内往外看时，那一朵白莲已经谢了，白瓣小船般散漂在水里。梗上只留个小小的莲蓬，和几根淡黄色的花须。那一朵红莲，昨夜还是苗苗的，今晨却开满了，亭亭地在绿叶中间立着。

仍是不适意——徘徊了一会子，窗外雷声作了，大雨接着就来，愈下愈大。那朵红莲，被那繁密的雨点，打得左右欹斜。在无遮蔽的天空之下，我不敢下阶去，也无法可想。

　　对屋里母亲唤着，我连忙走过去，坐在母亲旁边———一回头忽然看见红莲旁边的一个大荷叶，慢慢地倾侧了来，正覆盖在红莲上面……我不宁的心绪散尽了！

　　雨势并不减退，红莲却不摇动了。雨点不住地打着，只能在那勇敢慈怜的荷叶上面，聚了些流转无力的水珠。

　　我心中深深地受了感动———

　　母亲啊！你是荷叶，我是红莲，心中的雨点来了，除了你，谁是我在无遮拦天空下的荫蔽？

　　本文作者看到雨打红莲、荷叶护莲的生动场景联想到母亲的呵护与关爱，幻化出"荷叶母亲"如诗如画般的美好形象。母爱是纯洁的，总在你遇到风雨时悄然而至，给你慰藉和力量；母爱是无私的，她将永远罩临着你，伴随你一生。

　　1.作者通过生活场景联想到母亲、母爱，你在生活中发现过类似的例子吗？

　　2.作者把母亲比喻为荷叶，把自己比喻成红莲，反映了作者何种心境？

那枝枯萎的康乃馨

◆朱克波

　　从那轻轻的叹息声中，我体会到自己并未真的懂事，也没能读懂母亲的心，爱有许多种，但亲情却尽在不言中。

　　在我的日记本里夹着一枝枯萎的康乃馨，那是5年前的母亲节，我为母亲准备的礼物。

　　那年我刚从乡村到县城读书，在同学们大谈母亲节的时候，我一片茫然。从他们的谈论中我得知，母亲节最好的礼物就是一枝康乃馨。那时候，我觉得自己已经很懂事了，知道父亲身体不好，家里的重担都压在母亲单薄的肩上，供我跟姐姐上学很艰难。生平第一次我做出决定，我要像城里的同学那样，在母亲节的时候，送一枝康乃馨给劳累的母亲。我不禁为这个决定而自豪，于是，提前两周我就开始节食了。

母亲节那天的阳光特别灿烂，中巴车在崎岖的山路上颠簸不停，我只得小心地把花捧在胸前，生怕把它弄坏。康乃馨散发出淡淡的清香，多想此刻就让这丝清香飘到母亲的身旁，让它表达孩儿的一点心意。但母亲是一个十分节俭的人，我该怎样跟她说呢？经过几个小时的漫长的煎熬，总算到站了。

下了车，走了好长一段山路，那熟悉的村庄才映入眼帘。为了避免不知情的人笑我一个大男孩还买花，就把康乃馨藏到了书包里。刚到村口，恰好碰到母亲从地里回来，背上背着沉重的柴火，手里还拿着两把锄头，不用说有一把是帮父亲拿的。中午天气很热，他们现在才回来吃饭，想必地里的活一定很多。看着母亲疲惫的身影，想到节日中的她还是跟往常一样忙碌，我不禁鼻子一酸，连忙跑过去接锄头。母亲乍一见我，先是愣了一下，接着紧张地问道："二娃！怎么回来了，没钱花了吗？"我忙摇头说："不是，我是回来看您的。"母亲这才舒展眉头正色道："看啥子哟，车费蛮贵的！快去后面接你爸爸，让他歇会儿。"说着，又把两把锄头从我手里拿了回去。看着母亲满是汗迹的脸庞，一身粗布衣服，沾满泥巴的布鞋，想到此刻城里那些母亲正在孩子的陪同下逛公园，心里充满了愧疚之情，要不是为了送我到县城最好的学校上学，母亲也不用这么辛苦。今天是母亲节，在我看来，就算把花店的康乃馨全买来，母亲也是受之无愧的。

那段时间正是农忙，到了晚上母亲才闲下来，在院子里乘凉的时候，我刚准备把康乃馨拿来送母亲，她却看着我的头说："二娃，头发这么长了，妈妈给你剪一剪，这样又可以省下3块钱来自己用了。"我无奈地笑笑，母亲的理发技术很业余，可这十多年来，她从我头上也练出了些手艺，虽然没有城里师傅剪得好，但笑我"发型"的人也不如小时候多了。看我有些不乐意的样子，父亲在一边指着自己的头插话说："去吧，你母亲的技艺又提高了不少呢，瞧我这片自留地也放心地承包给她了。"我只好坐下，母亲一边剪一边又唠叨开了：在学校要好好学习，钱要花在刀刃上；又说今天我不应该回来，往返的车费就够我一周的生活费了……我越听越委屈，泪水情不自禁润湿了双眼："妈，我没有乱花钱，今天是母亲节，我真的是专门回来看您的，难道这也错了吗？"母亲的剪刀在我的头上停了好一会儿，我不敢回头，但我猜想，她脸上肯定满是恨铁不成钢的表情。出乎意料地，母亲没再责怪我，只是轻轻地叹了一声，语重心长地说道："二娃，只要你惦记着妈就行了，咱们家不兴这个，什么母亲节，只要你有出息，天天都是妈妈的节日。"

那天，我最终没有把从城里带来的康乃馨送给母亲，因为从那轻轻的叹息声中，我体会到自己并未真的懂事，也没能读懂母亲的心，爱有许多种，但亲情却尽在不言中。或许对别人而言，母亲节送一枝康乃馨意味着温馨，但对于我来说却意味着不成熟。

我把那枝康乃馨夹进了日记本，并在旁边写了一句话——献给爱着我的母亲。以后每年的母亲节，我都会把那枝枯萎的康乃馨翻出来看看，每次耳边都萦绕着母亲那句朴实的话："只要你有出息，天天都是妈妈的节日。"

挽着父母的手上街，是很早以前的事了，和父母聊聊天，也常常被许多琐事耽误，家似乎远离了我的生活，父母也成了我生活中的看客。可母亲那句朴实的话"只要你有出息，天天都是妈妈的节日"却永远记在我心里。

1.你能体会用节食而省下的钱为母亲节送花的"我"那时的心境吗？

2.作者为什么说自己当时并未真的"懂事"？你对"懂事"作何理解？

我 的 母 亲

◆严 阵

我后来逐渐觉得，那只举着的手上，有一双母亲永远瞩望着我的背影的眼睛，那眼神一直投射到我踏过苍茫岁月每一个深深的脚印中间。

平时做梦总是零零乱乱的，模模糊糊的，移居北京的第一个晚上，当我第一次睡在装修一新的新居的卧室里，我却做了一个令我自己也感到非常惊讶的非常非常清晰的梦。

那个梦是这样的：我的母亲身上还穿着那件被水洗得淡淡的长及腰膝的蓝色布衫，我任何时候都不会忘记她身上的那件布衫，因为在我小时候，我常用手牵着她那宽宽的衣襟，到南园的菜地里去摘垂在高粱秸架子上的豆角，和藏在田垄黄花下的一种白颜色的菜瓜。

母亲去世已经五十多年了，关于母亲的梦已越来越少，只是偶尔，在濡隐江南无数楼台的清明的迷蒙烟雨中,我会蓦然想到远在北国的那个依山傍水的小小的山村前,母亲站在井边,望着逶迤远去的古道,举起一只手,默默地送我远去的情景。那件急剧抖动的被风吹得飘了起来的布衫,和母亲那只一直举着的手,是母亲留在我记忆里的最后的印象。

在那些辗转奔波的日子里,不管是大雁惊飞,霜叶层染,还是雷雨横空,雪压莽原,我面前总会常常出现母亲在风中抖动的布衫和那只一直默默举着的手。我后来逐渐觉得,那只举着的手上,有一双母亲永远瞩望着我的背影的眼睛,那眼神一直投射到我踏过苍茫岁月每一个深深的脚印中间。

战争。茅店鸡鸣。秋水芦花。不断地行军和宿营。岁月像一棵生出无数叶子的树,也像一棵落去无数叶子的树。在那些时候,我几乎没有想过,我的母亲在浓浓的硝烟和一望无际的一直伸向天边的波涛般的山峦面前,我从未想过,哪条路可以通向生我养我的那个小村子,可以通向举着一只手一直凝望着我的母亲的身边。

可是一切都不像人们想像得那么漫长,雷声远去,战争结束了,我站在军用卡车上,透过茫茫夜色,看到的是青岛那座海滨城市的淡淡的蓝蓝的黎明。

当我在这座陌生的城市的某座楼房内就寝的时候,我第一次听到了海那轻轻的柔柔的却又沉沉的声音。那声音萦绕在我的耳边,整夜整夜,都和我的梦浸润在一起,它仿佛那双眼睛,它仿佛那只手。于是我清楚地感到,此时此刻,在我身边抚慰我入睡的,并非那遥远的涛音,而是我的久已音信杳无的母亲,而是她那只有我才能感觉到的那种缓缓地包容着无限深情的呼吸。

那是我刚刚能记事的时候所能记得的第一件事:屋子里孤灯昏黄。灯光在屋子的四角留下了许多暗影。糊着窗纸的木格外是一场淅淅沥沥的春雨和几声荒村的鸡鸣。当我在蒙眬中睁开眼睛的时候,我看到母亲就坐在我的面前,她望着我,一串泪珠从她的眼角,扑簌簌地滚落下来。那些透过昏黄的灯光滴落在我面颊上的泪珠,几十年来,一直和母亲灯光下的身影一起,留在我的心底。

后来人们告诉我,那时候,我生病发烧,高烧一直不退,天黑的时候,无望的人们已经把昏厥不醒的我捆进谷草,准备扔到门外,是母亲又从人们的手里把我抢了回来。于是,她整夜整夜地坐在我的身边,直到我终于重又睁开了眼睛……

我的母亲从来没说她如何如何地爱我,但当秋风刚起,门外场院边那棵高大的白杨树的叶子开始发黄的时候,她就坐在门边,一针一线地缝着我过冬的棉衣。而当春风拂动,燕子归来的梨花细雨中,她又总是早早地把做好的面点和煮熟的鸡蛋,放在柳条编的小篮子里,挂在我睡觉的那铺土坑的一角……

战友们已经疲惫地入睡,可是那忽远忽近的涛声,却使我难以成眠。第二天一早,我就把一封写好的信投寄出去。几天以后,我便接到我的叔叔从我的那个小山村寄来的回信。他在信上告诉我,战争还没结束的时候,我母亲已经去世了。

母亲不在了,我便没有勇气再回我那个小山村去,再回那个远远的便以后院的那棵老枣树和后屋那半边白色的石灰墙映入我眼帘的那个老屋去。只是后来,好多年后的后来,人们才有机会告诉我:虽然母亲生了六个子女,可是在她去世的时候,却没有一个子女在她身边。当时在她身边守着她的,只有家里的那个一直用来盛汤提水用的陶泥瓦罐。人们告诉我:母亲生命垂危的那些日子,既不向别人求助,也从不流一滴眼泪。有人当时问她:你那么多子女,你想哪个? 我哪个都不想。这就是母亲的回答。人们还告诉我,母亲说这话的时候,眼睛却一直望着村前那条通向远方的土路。她的子女们都是踏着这条土路离她而去的。

又是好多年过去了,母亲的印象已逐渐淡漠。可是就在我移居北京的第一天晚上,母亲却又在我的梦中出现。我梦醒之后依然清晰地记得,她身上仍然穿着那件蓝布上衣,站在一间已经被烟熏黑梁上垂下许多蜘蛛网的快要倒塌的茅屋里。那间屋子有点像我家旧居的北屋,但又不是。母亲平时总是不多说话的,她就是真的饿了,别人问她饿不饿时,她也会毫不犹豫地回答:不饿。而当她真的感觉到冷,别人问她冷不冷时,她也会回答:我不冷。可是,这次母亲出现在我梦中时,她却对着我说:我好冷啊!

后来,我把这梦告诉了在老家工作的侄子,他知道之后,很快便按照当地的风俗,请民间的纸匠扎了一些豪华的住房,连同香烛,带到我母亲的坟地上烧了。

应该说,侄子的这一做法,肯定会给我带来一些慰藉的。可是,自那以后,我就一直在想:为什么母亲会在我移居北京的第一个晚上出现在我的梦中,而且在炎热的夏季说她很冷呢? 是不是人们在日渐富裕的和平生活中,也会在灵魂中滋生出像战争年代那种对亲情的麻木和冷漠呢?

我觉得我母亲的那只扬起的手依然在注视着我,注视着我向前走的每一步。

而我再也不敢有那样的麻木。为了我的母亲,为了那些生活在穷乡僻壤在夏天依然会感到冷的,曾经以她们的生命哺育过我们的许许多多的母亲们,除了向她们焚烧纸扎的豪宅之外,我还应该为她们做些什么?

真情,发诸于心。寓真挚情感于质朴的语言中,正是《我的母亲》艺术上的一大特色。它像一眼泉水,其声汩汩,滤过我的心田,冲走污垢,留下深情,也如在恬静的月夜,听作者在追忆逝去的岁月和永恒的母爱。

1.作者做的梦体现了作者对母亲怎样的情怀？

2.在梦中,母亲为什么在炎热的夏季还说她很冷?这有什么特殊的意义？

妈妈的味道

◆（台湾）茱丽叶

妈妈不是厨师,但她亲手烹煮的味道,是天底下独一无二的,再好的厨师,都没办法复制。

常常觉得"味觉"这个词很妙,有味道、有感觉,然后融合在一起。

有了味道,有了感觉,就如同走过的道路上所遗留下的足迹,只要一个碰巧,我们就会想起过往的曾经。

也可以说,味觉是脑子里记忆的一部分,是一种情意的提醒。

一如我们记得妈妈的咖喱饭、外婆的吻仔鱼苋菜汤,或者是,曾经有三年必须天天经过的中学校门拐角的那家豆腐花店,还有公园旁边最有名的四果冰。

属于家里的味觉是什么呢?从厨房飘散到书房、客厅的香气和妈妈的背影,是一种无可替代的温暖。

以前每天住在家里,总怀疑所谓的家常菜到底是什么吸引人。现在离家在外,才真的会经常想起那种属于南方的、年幼的幸福。

即使是简简单单的水饺,再用清汤打个蛋,倒进半罐甜玉米,妈妈的味道永远是模仿不出来的,即使是35楼的那家著名餐厅里,大厨精心捏制的蒸饺。

下了课,早黑的冬天里,一回到家就能够钻进热气蒸腾的厨房里取暖,然后眼镜被熏得白白的,端着刚起锅的韭菜水饺的小碗仔,就这么吃将起来。

一边呼着气,一边还生怕贼人会来抢似的快快咬下一口烫着嘴的饱满。喊着好烫好烫的同时,还跟着妈妈的身影从厨房转到餐厅,像个跟屁虫一样地说着今天同学怎样怎样、老师如何如何、真讨厌明天又要小考、该死下礼拜还要段考……

妈妈总是哼啊哈的,手边还不忘照看平底锅里正煎着的劈啪作响的鱼,隔壁的炉子上还滚着一锅浓汤。

一碗饺子没吃完。妈妈就招呼我上餐桌,坐下来好好吃那条刚买的虱目鱼,还不忘把最美味的肚子那一块朝我摆着。

每次吃饱了，我都会告诉妈妈，现在胃里的鱼正在浓汤里游泳，好像刚刚还有一个饺子从鱼身边滑过。

高中的时候，听见老师在早会上宣布"下礼拜规定换穿裙子"的时候，我就知道夏天来了。

夏天来了，我就有凉拌豆腐和凉面可以吃了。

妈妈总是习惯自己做凉面，也自己调麻酱。一早起来就常常发现妈妈在厨房里忙，希望趁着还没真的热起来的时候先把面煮好。

一回到家，直奔冰箱，挖出冰透了的极富弹性的面条，再到柜子里翻出芝麻酱、醋、香油，加上一点点的水、一点点的辣油，在碗里略略拌匀，就是一碗消暑美味的凉面。

然后看着妈妈切葱花、刨黄瓜丝，然后拿出豆腐装盘，有时还会加上自己腌的泡菜，淋上一点儿酱油膏，剥一个皮蛋，就是一道冰凉的小菜。

吃完了再找找冰箱，经常会看到早早就削好的橙黄色小玉西瓜，或者是隐隐蹿出酸酸甜甜香气的芒果。

我知道我很幸运，可以在家里痛快地吃妈妈亲手做的菜，不需要自己到外面花钱，买商人永远调制不出的爱。

生病的时候，鸡汤就是妈妈的心疼。

前一阵子大病一场，再怎么样也想尽办法，东凑西挪挤出一个周末，在火车上瘫痪三个小时，拖着满身的病毒和疲惫，回到妈妈的怀抱。

知道我病得不轻，电话里虽然满是责备我怎么没好好吃饭、多穿一件衣服，骂我活该，但是我和妈妈心里都明白得很，她是极其舍不得的。

只是因为，她知道自己身体不好，所以我必须要坚强，学会照顾自己，尤其是在一个人的时候，她远在天边帮不上忙的时候。

所以，我一说要回家，她就兴奋地说，要买香菇和土鸡，再到中药店抓一点黄芪枸杞回来，帮我炖一锅汤。

我没想到，她还从人家送给爸爸的南北货礼盒中拿了一罐鲍鱼，切片后连罐子里的高汤，都放下锅里一起熬。

那个礼拜五傍晚，一踏进家门，我就知道厨房里一锅山珍海味在等着我。

看着爸爸埋怨怎么他平常都没得吃的表情，有一丝丝忌妒我这个难得回家一次的女儿的样子，妈妈得意扬扬地说："怎么样？生大病回家的人才有得吃。"

鲜嫩的鸡肉吸满了红枣和枸杞的甜味，汤里头还有鸡骨熬汤所渗出的胶质，有些黏黏的，切片鲍鱼虽然在起锅前才加入这队海陆大军，但是香菇的清新芬芳早已经附着其上。

这锅汤光是材料就已经价值不菲，更何况还有妈妈在炉子边烫去血水、捞去浮在表面的油脂所花去的工夫，还有灌注在这里头那份满满的怜惜。

在我嫌自己回家就会胖起来的时候，她总是说："了不起，那你不要吃好了。"

我总是经不起诱惑，哀求着妈妈就算是让我吃成一只猪或是一只恐龙，我都要吃她炒的米粉。

然后带着满肚子的营养和满足，再度回到这个贴身肉搏战的丛林里，战斗指数恢复到百分之两百。

妈妈不是厨师，也真的不是什么会精心烹煮、讲究必须熬炼出食物精粹的人，但她亲手烹煮的味道，是天底下独一无二的，再好的厨师，都没办法复制。

妈妈总是说，要教我怎么煮这些"家常菜"，我总是赖着不肯。我知道，即使身为女儿，我也没办法完全重视这些熟悉的味道。

我只希望，能够一次一次地加深脑细胞对于它们的印象，好叫我即使是在很老很老以至于不能动弹的时候，也一样能够记得这些快乐。

舌上的味蕾会知道，这就是我的妈妈。纵使是在别处看见熟悉的菜式，闻到似曾相识的味道，脑子里浮现的第一个影像，依然是属于妈妈和我的那份幸福。

谨以此文，送给快要过生日的，我的妈妈。

读罢此文，在脑海中仿佛留下一桌桌丰盛的饭菜，但细细品味，正是这美味佳肴散发着母亲浓浓的爱。

母爱滋润着我们的心灵，无声无息。母爱就是在这普通的关怀中，在这只有家里才体会到的饭菜里透露出的。

是的，妈妈亲手烹煮的味道，是天底下独一无二的，再好的厨师，都没办法复制。

1. 作者为什么说妈妈亲手烹煮的味道是天底下独一无二的？

2. 爸爸都有一丝嫉妒的心情说明了什么问题？难道爸爸还嫉恨女儿回家吃顿好饭菜？

我 的 母 亲

◆老 舍

你恐怕早已想起了自己的母亲——不要急急忙忙地写什么，也不要轻易触动，那是一个太神圣的领域。

母亲的娘家是北平德胜门外，土城儿外边，通大钟寺的大路上的一个小村里。村里一共有四五家人家，都姓马。大家都种点儿不十分肥美的地，但是与我同辈的兄弟们，也有当兵的，作木匠的，作泥水匠的，和当巡警的。他们虽然是农家，却养不起牛马，人手不够的时候，妇女便也须下地做活。

对于姥姥家，我只知道上述的一点儿。外公外婆是什么样子，我就不知道了，因为他们早已去世。至于更远的族系与家史，就更不晓得了；穷人只能顾眼前的衣食，没有工夫谈论什么过去的光荣；"家谱"这字眼，我在幼年就根本没有听说过。

母亲生在农家，所以勤俭诚实，身体也好。这一点事实却极重要，因为假若我没有这样的一位母亲，我以为我恐怕也就要大大的打个折扣了。

母亲出嫁大概是很早，因为我的大姐现在已是 60 多岁的老太婆，而我的大外甥女还长我 1 岁啊。我有三个哥哥，四个姐姐，但能长大成人的，只有大姐，二姐，三姐，三哥与我。我是"老"儿子。生我的时候，母亲已有 41 岁，大姐二姐已都出了阁。

由大姐与二姐所嫁人的家庭来推断，在我生下之前，我的家里，大概还马马虎虎的过得去。那时候订婚讲究门当户对，而大姐夫是作小官的，二姐夫也开过一间酒馆，他们都是相当体面的人。

可是，我，我给家庭带来了不幸：我生下来，母亲晕过去半夜，才睁眼看见她的老儿子——感谢大姐，把我揣在怀中，故未冻死。

一岁半，我把父亲"克"死了。

兄不到 10 岁，三姐十二三岁，我才一岁半，全仗母亲独力抚养了。父亲的寡姐跟我们一块儿住，她吸鸦片，她喜摸纸牌，她的脾气极坏。为我们的衣食，母亲要给人家洗衣服，缝补或裁缝衣裳。在我的记忆中，她的手终年是鲜红微肿的。白天，她洗衣服，洗一两大绿瓦盆。她做事永远丝毫也不敷衍，就是屠户们送来的黑如铁的布袜，她也给洗得雪白。晚间，她与三姐抱着一盏油灯，还要缝补衣服，一直到半夜。她终年没有休息，可是在忙碌中她还把院子屋中收拾得清清爽爽。桌椅都是旧的，柜门的铜活久已残缺不全，可是她的手老使破桌面上没有尘土，残破的铜活发着光。院中，父亲遗留下的几盆石榴与夹竹桃，永远会得到应有的浇灌与爱护，年年夏天开许多花。

哥哥似乎没有同我玩耍过。有时候，他去读书；有时候，他去学徒；有时候，他也去卖花生或樱桃之类的小东西。母亲含着泪把他送走，不到两天，又含着泪接他回来。我不明白这都是什么事，而只觉得与他很生疏。与母亲相依如命的是我与三姐。因此，他们做事，我老在后面跟着。他们浇花，我也张罗着取水；他们扫地，我就撮土……从这里，我学得了爱花，爱清洁，守秩序。这些习惯至今还被我保存着。

有客人来，无论手中怎么窘，母亲也要设法弄一点儿东西去款待。舅父与表哥们往往是自己掏钱买酒肉食，这使她脸上羞得飞红，可是殷勤地给他们温酒做面，又给她一些喜悦。遇上亲友家中有喜丧事，母亲必把大褂洗得干干净净，亲自去贺吊——一份礼也许只是两吊小钱。到如今为止我的好客的习性，还未全改，尽管生活是这么清苦，因为自幼儿看惯了的事情是不易改掉的。

姑母常闹脾气。她单在鸡蛋里找骨头。她是我家中的阎王。直到我入了中学，她才死去，我可是没有看见母亲反抗过。"没受过婆婆的气，还不受大姑子的吗？命当如此！"母亲在非解释一下不足以平服别人的时候，才这样说。是的，命当如此。母亲活到老，穷到老，辛苦到老，全是命当如此。她最会吃亏。给亲友邻居帮忙，她总跑在前面：她会给婴儿洗三——穷朋友们可以因此少花一笔"请姥姥"钱——她会刮痧，她会给孩子们剃头，她会给少妇们绞脸……

凡是她能做的，都有求必应。但是吵嘴打架，永远没有她。她宁吃亏，不斗气。当姑母死去的时候，母亲似乎把一世的委屈都哭了出来，一直哭到坟地。不知道哪里来的一位侄子，声称有承继权，母亲便一声不响，叫他搬走那些破桌子烂板凳，而且把姑母养的一只肥母鸡也送给他。

可是，母亲并不软弱。父亲死在庚子闹"拳"的那一年。联军入城，挨家搜索财物鸡鸭，我们被搜两次。母亲拉着哥哥与三姐坐在墙根，等着"鬼子"进门，街门是开着的。"鬼子"进门，一刺刀先把老黄狗刺死，而后入室搜索。他们走后，母亲把破衣箱搬起，才发现了我。假若箱子不空，我早就被压死了。皇上跑了，丈夫死了，鬼子来了，满城是血光火焰，可是母亲不怕，她要在刺刀下，饥荒中，保护着儿女。北平有多少变乱啊，有时候兵变了，街市整条地烧起，火团落在我们院中。有时候内战了，城门紧闭，铺店关门，昼夜响着枪炮。这惊恐，这紧张，再加上一家饮食的筹划，儿女安全的顾虑，岂是一个软弱的老寡妇所能受得起的？可是，在这种时候，母亲的心横起来，她不慌不哭，要从无办法中想出办法来。她的泪会往心中落！这点儿软而硬的个性，也传给了我。我对一切人与事，都取和平的态度，把吃亏看做当然的。但是，在做人上，我有一定的宗旨与基本的法则，什么事都可将就，而不能超过自己画好的界限。我怕见生人，怕办杂事，怕出头露面；但是到了非我去不可的时候，我便不敢不去，正像我的母亲。从私塾到小学，到中学，我经历过起码有20位教师吧，其中有给我很大影响的，也有毫无影响的，但是我的真正的教师，把性格传给我的，是我的母亲。母亲并不识字，她给我的是生命的教育。

当我在小学毕了业的时候，亲友一致地愿意我去学手艺，好帮助母亲。我晓得我应当去找饭吃，以减轻母亲的勤劳困苦。可是，我也愿意升学。我偷偷地考入了师范学校——制服、饮食、书籍、宿处，都由学校供给。只有这样，我才敢对母亲说升学的话。入学，要交十圆的保证金。这是一笔巨款！母亲作了半个月的难，把这巨款筹到，而后含泪把我送出门去。她不辞劳苦，只要儿子有出息。当我由师范毕业，而被派为小学校校长，母亲与我都一夜不曾合眼。我只说了句："以后，您可以歇一歇了！"她的回答只有一串串的眼泪。我入学之后，三姐结了婚。母亲对儿女是都一样疼爱的，但是假若她也有点儿偏爱的话，她应当偏爱三姐，因为自父亲死后，家中一切的事情都是母亲和三姐共同撑持的。三姐是母亲的右手。但是母亲知道这右手必须割去，她不能为自己的便利而耽误了女儿的青春。当花轿来到我们的破门外的时候，母亲的手就和冰一样的凉，脸上没有血色——那是阴历四月，天气很暖。大家都怕她晕过去。可是，她挣扎着，咬着嘴唇，手扶着门框，看花轿徐徐地走去。

不久，姑母死了。三姐已出嫁，哥哥不在家，我又住学校，家中只剩母亲自己。她还须自晓至晚地操作，可是终日没人和她说一句话。新年到了，正赶上政府倡用阳历，不许过旧年。除夕，我请了两小时的假，由拥挤不堪的街市回到清炉冷灶的家中。母亲笑了。及至听说我还须回校，她愣住了。半天，她才叹出一口气来。到我该走的时候，她递给我一些花生，"去吧，小子！"街上是那么热闹，我却什么也没看见，泪遮迷了我的眼。今天，泪又遮住了我的眼，又想起当日孤独地过那凄惨的除夕的慈母。可是慈母不会再候盼着我了，她已入了土！

儿女的生命是不依顺着父母所设下的轨道一直前进的，所以老人总免不了伤心。我23岁，母亲要我结了婚，我不要。我请来三姐给我说情，老母含泪点了头。我爱母亲，但是我给了她最大的打击。时代使我成为逆子。27岁，我上了英国。为了自己，我给60多岁的老母以第二次打击。在她七十大寿的那一天，我还远在异域。那天，据姐姐们后来告诉我，老太太只喝了两口酒，很早的便睡下。她想念她的幼子，而不便说出来。

"七七"抗战后,我由济南逃出来。北平又像庚子那年似的被鬼子占据了。可是母亲日夜惦念的幼子却跑西南来。母亲怎样想念我,我可以想像得到,可是我不能回去。每逢接到家信,我总不敢马上拆看,我怕,怕,怕,怕有那不祥的消息。人,即使活到八九十岁,有母亲便可以多少还有点儿孩子气。失了慈母便像花插在瓶子里,虽然还有色有香,却失去了根。有母亲的人,心里是安定的。我怕,怕,怕家信中带来不好的消息,告诉我已是失了根的花草。

去年一年,我在家信中找不到关于老母的起居情况。我疑虑,害怕。我想像得到,若有不幸,家中念我流亡孤苦,或不忍相告。母亲的生日是在9月,我在8月半写去祝寿的信,算计着会在寿日之前到达。信中嘱咐千万把寿日的详情写来,使我不再疑虑。12月26日,由文化劳军的大会上回来,我接到家信。我不敢拆读。就寝前,我拆开信,母亲已去世一年了!

生命是母亲给我的。我之能长大成人,是母亲的血汗灌养的。我之能成为一个不十分坏的人,是母亲感化的。我的性格,习惯,是母亲传给的。她一世未曾享过一天福,临死还吃的是粗粮。唉!还说什么呢?心痛!心痛!

每一个人都承受着母亲的爱,每一个人都爱母亲。而每一个人对母爱的感受都不一样,有着不同的记忆。于是,在《我的母亲》这个题目下,会写出不同的文章。

你恐怕早已想起了自己的母亲——不要急急忙忙地写什么,也不要轻易触动,那是一个太神圣的领域。

1.作家老舍在文中深情地写了几个令他终身难忘的场景?你能体会其中爱的深沉吗?

2.老舍文中最后一句"唉!还说什么呢?心痛!心痛!"表达了老作家对母亲怎样的情怀?

爱 的 礼 物

◆ 晴 晴

当妈妈终于捧着一大把含露的白丁香送到
我手中时，我那颗脆弱的、承受不了太多爱与美
的心，已有种清脆崩塌的感觉。

三天假期，飞过去了。

下午又要回到乡村的单位去。

妈妈系着围裙，在灶房给我赶做饼子，是那种卷了葱花、调料和鸡蛋的馅饼。
她一边做，一边不停地叮咛我回去好好工作好好工作。三天来，她一直都在这么
说，我有点烦，想表示一种不满，但望一眼她挂着汗珠的脸庞，心又一下子软了。妈
妈总让我心软，总是用爱把我驯服得乖乖的，我听着她永远叮嘱不完的话语，态度
顺从的像一个很听话的乖孩子。

当妈妈的叮咛终于出现一段间隙的沉默，我赶紧趁机逃出了灶房。

外面飘着细雨，我站在院子里享受一份湿意，风和雨星子一起吹过来，好沁香
的丁香味儿钻入鼻孔，我这才回头注视花园里的丁香树。这是一棵妈妈亲手栽培
出来的白丁香，细细碎碎的枝条上，挂满了一串串洁白的丁香花，沐浴在雨露中，
更显了几分娇白，湿嫩嫩的，很是美丽。我不禁脱口喊道："这么香美的花，我真想
折两枝带到乡下去！"喊完竟呆呆站在了丁香树前痴情了好大半天。

雨大起来了，我深深凝视了一会儿带着水珠的花姿，然后很是不舍地躲回自
己的小屋收拾东西。

一只大大的天蓝色旅游包，首先装进去的，总是进城一次逛书店买回的新书
和稿纸，这是惟一我自己置办的东西。而其他塞满包的，便是妈妈永远赠送不完的
爱的礼物。妈妈经常像变魔术似的，将肉、面粉、菜做成各式各样的食品，笑眯眯地
送给我，就连怎样吃，一次吃多少以及如何存放等等，她都要一遍又一遍地提醒到
我出门才肯罢休，她知道我怕冷，总是要我多加衣服多加衣服；我喜淋雨，可她非
要把雨伞塞进我包里；而我不经意的一声咳嗽，她便凶着脸将那吓人的药片放在
我手中。她很是细微，就连我平时馋嘴的果丹皮、泡泡糖、锅巴之类，她都会细心替
我装好。反正，每次离家，非得背一个满满的包，她才肯放我走。

我常想，母亲干吗有那么多的爱呢？从小至今，我已背负了许许多多，可她依
然源源不断地爱我，给我无穷无尽的爱的礼物，而她实在就是那么一个瘦瘦弱弱

的样子,她那丰厚肥腴的爱,究竟在什么地方蕴藏呢? 凝望她,我总也想不透。

东西收拾得差不多了,那包也越来越鼓,抬头向窗外望去,雨依旧。突然发现妈妈踩着小凳子站在丁香树前。我倚窗仔细望去,她正拿着剪刀一下又一下地采摘着丁香花。她面带微笑,用纤指拨弄着丁香枝条,细心又专注地挑选着一串串丁香花,她的表情和她一伸手、一屈臂、一挥剪刀、一弯腰的姿势,在这一刻显得极为优美、和谐、摄人魂魄。一时间,我竟被她的美丽惊呆了,我从没注意过妈妈也会有这般美丽的时刻。我本想跑出去给她雨伞的,但我怕破坏了这一刻的美妙,怕弄惨了这幅雨季生动的风景。是的,这确是一幅极真极美的风景:一个劳累一生的母亲,为出门工作的女儿,冒雨采摘爱的鲜花,多皱的脸上满是雨水和汗水,但她微笑得宽慰而灿烂,笑得一尘不染,就像那一尘不染的白丁香花一样,又美又芬芳。

我呆呆地注视妈妈许久许久,热泪潮涌般滚下来,滑进嘴里,甜甜的、又涩涩的,很是叫人心绞。当妈妈终于捧着一大把含露的白丁香送到我手中时,我那颗脆弱的、承受不了太多爱与美的心,已有种清脆崩塌的感觉。

我背起包,极为珍爱地捧着鲜花出门,妈妈一直笑笑地、笑笑地送我到巷口。花在我怀中美丽地芳香着,转头看妈妈,她依然笑笑地,笑得跟丁香一样芬芳,跟丁香一样的纯洁,跟丁香一样一样的馨香、俊美……

心灵体验

母亲,把爱的礼物给了我们,我们给母亲的礼物又是什么?

母亲,像挂在天幕上的那颗星星,带着无限的爱意。啊!母亲,你心中的不灭之火,藏在哪里?

我们的欢乐是母亲脸上的微笑,我们的痛苦是母亲眼里深深的忧伤,我们的成长刻在了母亲绺绺银丝里,我们可以走得很远很远,却总也走不出母亲心灵的广场。

静静地听——用我们的心,那悠扬的钟声里有春的馨香与对母亲深深的祝福……

放飞思维

1. "谁言寸草心,报得三春晖。"你想想,我们如何能报答父母的深恩?

2. 在妈妈看来,为女儿采摘鲜花是顺理成章,可在女儿看来有什么触动?女儿想到了哪些?

永远的小女儿

◆佚 名

> 随着物质生活的富裕,我们与金钱的距离越
> 来越近,却偏偏疏远了纯真的感情。

母亲节快到了,小敏"照例"要送妈妈一张贺卡。

小敏特别到店里,挑了一张国外进口的卡片。表面是锦缎的花朵,四周烫着金边,角上还系了一个粉红色的蝴蝶结。惟一可惜的是里面只印了英文。所幸小敏的英文好,虽有两个字看不懂,查查字典也就了解了。

> 亲爱的妈妈!
> 你是我的怀抱,我的亲吻。
> 你是我的花园,我的港湾。
> 你是我幻想的实现者,梦想的催生者。
> 你更是
> 我心灵的家!

小敏买回来,读了一遍又一遍,觉得这设计卡片的人,真是自己的知音:"他写出了我要说的话!"

小敏在上面用中文写上了"妈妈",又在下面签了自己的名字,早晨出门前把卡片留在餐桌上。

"妈妈看到这么漂亮的卡片,一定会好高兴!"小敏心想,"这是我长到18岁以来,送的最贵的一张了!"

果然,进门时,看到妈妈一张笑脸从厨房探出来。

"你喜欢我送的卡片吗? 好贵哟! "小敏得意地说。

"当然喜欢啦!"妈妈拿着一个盒子走出来,"我把这张卡片跟你以前送的摆放在一块儿。"

妈妈打开盒子,把卡片一张张放在桌上,居然从小到大,小敏送的十几张卡片,妈妈全像宝贝一样藏着。

"看! 这是你在幼稚园画的。还不会写字,由老师帮你写的'亲爱的妈妈'! "

"这张你会写妈妈了,歪歪扭扭的,大概是一年级吧! "

"这张写得就更好了,还会写'妈妈我好爱你,你是我的太阳',多可爱啊!"妈妈笑得好开心。

又拿出一张。

"这张是小学六年级的。画得精致,字也漂亮,里面的信更是感人。"妈妈抬起头,"你知道吗?看这张卡片,我流了好多眼泪看了一遍又一遍,直到今天,还是好感动!"

再拿出一张,已经是存钱买的,只是印刷不够好,卡片上的颜色都套不准,里面"母亲节快乐",也印得很粗拙。所幸小敏另外写了一首短诗。

接下来的两张,印得已经比较好了,文字也设计得不错。配上小敏写的几句感谢的话,还蛮耐看的!

"至于去年这一张,是印得更精美了。"妈妈叹口气,"只是大概因为你功课忙,没写什么字。也可能是人家设计的文字已经很好,所以只需要填个名字。"

终于打开今年的信封,抽出那张华丽的锦缎卡片,妈妈笑着翻过来,翻过去:"怪妈妈不懂英文,不知道上面的意思。你说给妈妈听吧!"

"不!"小敏居然抢过卡片,"这张卡片不好!我要换一张。"说完就跑进自己的房间。

小敏画了一张大大的母亲节卡。上面写着:

"亲爱的妈妈,看到以前我送您的卡片,才发觉自己长得愈大,读的书愈多,却也愈跟你疏远。我以为可以用物质、金钱表示我的爱。但是今天,我发觉自己错了。您真正在乎的,是我,您的女儿。让我做您永远的小女儿,像小学、像幼稚园时一样,那么真实,那么贴心,那么爱……"

是啊,随着物质生活的富裕,我们与金钱的距离越来越近,却偏偏疏远了纯真的感情。当我们出生时就拥有了爱,当我们逝去时带走的也只是爱,金钱只是人生中的伴随品,来时无去时也无。人们却总将金钱与感情画等号,用那金钱虚伪的面目遮住了感情的真切。读了此文,你也许会猛然醒悟,我们只能做永远的小女儿才最真实。

1.就当今社会潮流来看,今年的这张华丽锦缎卡片,足以能慰藉妈妈的心,可为什么小敏要换?

2.全文充满着小敏对妈妈的爱,读后你的感慨是什么?

从前的妈妈

◆（台湾）席慕蓉

> 妈妈的爱，永远是人生旅途最珍贵的行囊，是狂
> 风暴雨中最坚实的雨伞，是危难时刻最温馨的慰藉。

暑假后要读四年级的凯儿，这几天开始看福尔摩斯了。到处都可以看到他拿着书聚精会神地研读，在墙边、在树阴下，在大沙发椅的角落里，我的小小男孩整个人进入了福尔摩斯诡异神秘的世界，任谁走过他的身边，他都来不及理会了。

但是，偶尔他会忽然高声呼唤：

"妈妈，妈妈。"

我回答他之后，他就不再出声了。有时候，我在另外的房间里，没听见他呼唤，他就会一声比一声高地叫着找过来，声音里透着些微的焦急和害怕，等他看见我的时候就笑开了，一言不发地转身又回去看他的书，我在后面追着问他找我什么事？他说：

"没事，只是看看你在不在。"

我不禁莞尔，这小男孩！他一定被书中的情节吓坏了，又不肯向我透露，只好随时回到现实世界来寻求我的陪伴。只要知道妈妈就在身边，他就可以勇气百倍地重新跟着福尔摩斯去探险了吧。

因此，这几个炎热的下午，我都故意找些事在他的身旁走来走去，心里觉得很平安，知道我的小男孩还需要我的陪伴，我是个幸福的母亲。

我以前总认为母亲并不爱我。

那是因为，我一直觉得，我是5个孩子中最不值得爱的一个。

我没有两个姊姊的聪慧与美丽，没有妹妹的安静柔顺惹人怜爱，又不像弟弟是全家惟一的男孩。我脾气倔强又爱猜疑，实实在在是这个家里多余的一个。

但是，我又很希望母亲能爱我。

对我说：

"你是我最爱最爱的宝贝。"

然而，母亲一向是个沉默的妇人。从我有记忆开始，我总是跟在外婆的身旁，母亲好像从来也没搂抱过我。她总是怀里抱着妹妹或是弟弟，远远地对我微笑着，我似乎从来也没能靠近过她。

长大了以后，有时候觉得不甘心，我有时候也会撒娇似的赖在她身边，希望她

能回过身来抱我一下，或者亲我一下。可是，无论我怎么缠绕着她，暗示她，甚至嬉皮笑脸地央求她，母亲却从不给我任何热烈一点儿的回应，她总会说：

"别闹！这么大的人了，也不怕别人看了笑话你！"

我每次都安静地离开她，安静地退回到我自己的角落里去，心中总会有一种熟悉的不安与怨怼，久久不能消逝。

一直到我自己也有了孩子。

孩子刚生下来的那几个月里，和母亲住在一起，学着怎样照料小婴儿。有一天，母亲给我的孩子戴上一顶遮风的软帽，粉红的帽檐上缀着细小的花朵，衬得我孩子的面容更像一朵馨香的蔷薇，母亲忽然笑出声音来：

"蓉蓉，快来看，这小家伙和你小时候简直一模一样啊！"

说完了，她就把我的孩子，我那香香软软的小婴儿抱进她怀里，狠狠地亲了好几下。

我那时候就站在房门口，心里像挨了重重的一击，一时之间，又悲又喜。

我那么渴望的东西，我一直在索求却一直没能得到满足的东西，母亲原来在一开始的时候就给了我的啊！

可是，为什么要在这么多年之后，才让我知道才让我明白呢？

为什么要安排成这样呢？

我收拾书桌或者衣箱的时候，慈儿很喜欢站在旁边看，因为有时候会有些她喜欢的物件跑出来。如果她软声央求，我多半会给她。有时候是一把西班牙的扇子，有时候是一本漂亮的笔记簿，有时候是一串玻璃珠子，她拿到了之后，总会欣喜若狂，如获至宝。

这天，她又来看热闹了，我正在整理那些旧相簿，她拿起一张放大的相片来问我：

"这是谁？"

"这是妈妈呀！是我在欧洲参加跳舞比赛得了第一时的相片啊！"

"乱讲！怎么会是你！你怎么会跳彩带舞？"

相片上的舞者正优雅地挥着两条长长的彩带，站在舞台的正中，化过妆后的面容带着三分羞怯七分自豪。

"是我啊！那个时候，我刚到比利时没多久，参加鲁汉大学举办的国际学生舞蹈比赛，我是主角，另外还有八位女同学和我一起跳，我们……"

话还没说完，窗外她的同学骑着脚踏车呼啸前来，大声地叫着她的名字，女儿一跃而起，向着窗外大声回答：

"来了！来了！"

然后回身向我摆摆手，就高高兴兴地跑出去了。我走到门口，刚好看到她们这一群女孩子的背影,才不过是中学生而已,却一个个长得又高又大,把车子骑得飞快。

我手中还拿着那一张相片,其实我还有很多话想告诉我的女儿听。我想告诉她,我们怎样认真地一再排练,怎样在演出的时候互相关照,在知道得了第一的时候,男同学怎样兴奋热烈地给我们煮宵夜吃、围着我们照相;其实不过是一场小小的校内活动而已,但是因为用的是中国学生的名字,在二十几个国家之中得了第一,就让这一群中国学生紧紧地连接在一起,过了一个非常快乐的夜晚。

我很想把这些快乐的记忆告诉我的女儿,可是我没有机会。在晚餐桌上,是她兴奋热烈地在说话,她和她的同学之间有那么多有趣和重要的事要说出来,我根本就插不进嘴去。

整个晚上,我都只能远远地对她微笑。

在把病情向我详细地分析了之后,医生忽然用一种特别温柔的语气对我说:"无论如何,你想再要回从前的那个妈妈,是绝对不可能的事了。"

医生年纪大概也有六十开外了,穿得很讲究,有种温文的气质,也有一种老年人特有的智慧和洞察。他说完这句话以后,有一段极短的停顿,好像知道在这个时候我应该已经开始流泪了。

可是,我不上当,我就是不肯上当,我一滴泪水也没让它显露出来。

我是不会轻易上当的。

在这世间,有些事你可以相信,有些事却是绝对不能相信的。

绝不能流泪,一流泪就表示你相信了他的话,一流泪就表示你也跟着承认事实的无法改变了。

母亲虽然是再度中风,但是,既然上一次那样凶猛的病症都克服了,并且还能重新再站起来,那么,谁敢说这一次就不能复原了呢?

谁敢对我说,我不能再重新得回一个像从前那样坚强和快乐的妈妈了呢?

我冷冷地向医生鞠躬道谢,然后再回到母亲的病床旁边。母亲正处在中风后爱睡的时期,过几天应该就会慢慢好转的。等稍微好了一点之后,就可以开始做复原运动,只要保持信心,应该就不会有什么问题。父亲和姊妹们都打过长途电话来,说是会尽快回来陪她。我想,这位医生并不太认识我的母亲,并不知道她的坚强和毅力,所以才会对我说出这样一个错误的结论来。

到了夜里,我离开医院一个人开车回家,心里仍然在想着医生白天说的那一句话,忽然之间,有什么在脑子里闪了过去,我因为这突来的意念而惊呆住了!

医生说的,其实并没有错啊!

日子一天一天过去,从前的那个妈妈一天一天地在改变,从来也没能回来过啊!

到底哪一个才是我从前的那个妈妈呢?

是第二次中风以前,在石门乡间,那个左手持杖一步一顿满头白发的老太太呢?还是再早一点儿,第一次中风以前,和夫婿在欧洲团聚,在友人的圣诞聚会里那个衣衫华贵的妇人呢?还是更早一点儿,在新北投家门前的草地上,和孩子们站在一起,笑起来仍然娇柔的那个母亲呢? 还是更早一点儿,在南京的照相馆里,怀中抱着刚刚满月的幼儿,在丈夫与子女环绕之下望着镜头微笑的那个少妇呢? 还是更早一点儿,在重庆乡间的山野里,仓皇地躲避着敌人的空袭,一面还担心着不要惊吓了身边孩子,不要压伤了腹中胎儿的那个女子呢?

还是更早、更早,在一张泛黄的旧相片上,穿着皮质黑呢长大衣,站在北平下过雪的院子里,那个眼睛又黑又亮的少女呢?

还是更早、更早,我只是不经意地听说过的,在内蒙古的大草原上,那个10岁左右,最爱在河床上捡些圆石头回家去玩的小女孩呢?

从前的妈妈,从前的妈妈啊,日子就这样一天一天地过去了,为了我们这5个孩子,从前的那些个妈妈就一天一天地被遗落在后面,从来也没能回来过啊!

现在的妈妈当然是可以再复原,然而,却也绝对不再是我从前的那个妈妈了。

"妈妈,妈妈。"

在深夜的高速公路上,我轻轻呼唤着在那些过往的岁月里对我温柔微笑的母亲,我从前那些所有的不能再回来的母亲,不禁一个人失声痛哭了起来。

车子开得飞快,路好黑好暗啊!

时光飞逝,无情地带走了从前的妈妈,令作者心痛不已。其实,随波而逝的仅仅是妈妈飞扬的青春、俏丽的容颜而已,因为不论是从前的妈妈,还是眼前的妈妈,还是今后的妈妈,乃至已进入天国的妈妈,她对儿女的情,对儿女的爱,对儿女的牵挂,对儿女的期许,不会因岁月变迁而削减。妈妈的爱,永远是人生旅途最珍贵的行囊,是狂风暴雨中最坚实的雨伞,是危难时刻最温馨的慰藉。

1.养儿方知父母恩,如今我方知昔日妈妈是爱我的,才粉碎我小时对妈妈怨怼的想法,这给还是中学生的我们有什么启迪?

2."从前的妈妈"究竟还会不会回来,放飞你的思维来回答这个问题。

母爱没有具体的内容

◆胥雅月

> 驮着200斤的泥螺骑回来已是午夜1点多钟,她累得浑身像散了架,可一想到儿子喝牛奶的可爱相,她的倦意顿时化为乌有……

有个女孩生性胆小,见到毛毛虫也会吓得大喊大叫,更不必说宰鸡杀鸭、走夜路了。然而,有一个人走进女孩的世界里,她奇迹般地胆大起来。女孩婚后两年,度完了3个月的产假,又回到了车间上三班倒。产后第一次上夜班,丈夫怀抱婴儿看着室外漆黑的夜,用商量的口气说:"让孩子一个人在家睡一会儿,我送你上班!"她一口回绝:"不,你照看宝宝,我自己走!"说完旋风似的推着车出门了。午夜,路上行人极少,她骑得飞快,脑中早忘了做姑娘时的胆怯。开门进家时,丈夫惊讶地问:"夜这么深了,你怎敢一个人回来啦!""想到要给儿子喂奶,什么也不觉得怕了!"

丈夫出差,他们请了个保姆,一个十八九岁的小姑娘。她需要催乳,就叫小保姆买回只鸡。鸡买回来了,小保姆磨蹭了半天,鸡还扑着翅膀。小保姆哭丧着脸对她说:"我从来没杀过鸡!"看着小保姆宰鸡时担惊受怕的样子,她笑了,三下五除二杀了鸡,又把杀好的鸡递到小保姆手中,笑嘻嘻地说:"总有一天,你会胆大起来的!"

这个曾经胆小的女孩就是我的妻子。

有一对年轻的农民夫妇,为了让儿子受更好的教育,他们一家搬到乡镇租了一间房子,儿子就读于全镇最好的一所学校。丈夫跟一家装潢公司到外地打杂,妻子则在家洗烧缝补料理家务。然而丈夫挣的钱是有限的,支付儿子学费和家庭开支十分吃力。于是妻子趁儿子上学的时间,摆了小摊卖起蔬菜。一天,妻子发现镇上的人十分爱吃泥螺,于是趁星期天,回老家置了两麻袋的泥螺,骑着自行车,连夜驮到镇上。第二天一早,她的泥螺卖得很快。她把挣回的钱,特意为儿子订了一份牛奶,儿子喝到鲜牛奶,幼稚地对她说:"妈,真好喝,如能天天喝上有多好啊!"她摸着儿子的脑袋,双眼有些湿润了。又一天,她听人说离镇50里外有个村专门罱泥螺供蟹塘用,听说罱到大的全扔掉了,只要小的供蟹吃。于是她专程骑车去打听,果真如此。于是,她向罱泥螺的村民说明了她的想法,村民一口同意。接下来,每天晚上,儿子做完作业上床熟睡后,她一人悄声离家,骑车到50里外批发泥螺。

驮着 200 斤的泥螺骑回来已是午夜 1 点多钟,她累得浑身像散了架,可一想到儿子喝牛奶的可爱相,她的倦意顿时化为乌有⋯⋯

这个年轻的农村妇女就是我的姐姐。

有一个中年农村妇女,她的 28 岁的儿子去年春天相上了一个对象,她高兴得直掉眼泪。在农村,28 岁的青年男子再找不到对象,就意味着日后必定光棍一条,难怪她乐得直掉眼泪。不过女方家也是有条件的,结婚前,必须砌上三间大瓦房,而且房子还要砌在居民点上。原来女方嫌她的房子在村外,不够热闹。她犯愁了,砌三间瓦房的钱,东凑西借还能凑合,可砌到新宅地上,哪来这么多钱呀!虽说这几年儿子在外打工也挣了点儿钱,可对于迁址建房相差甚远。她苦思冥想了一夜,第二天就为儿子的新房奔波了。

她先找村长,好说歹说,村长出于同情,同意了一块宅地,说是照顾大龄青年。有了宅地,还要填土加高,若是出钱请人至少要 4000 元,她实在舍不得,更何况,建房要钱,儿子彩礼要钱⋯⋯

接下来的日子,人们发现她一连 4 个月独自一人挑泥上船再撑船到新宅地,挑泥上岸填宅地。无论刮风下雨,她从未间断过,宅地填好后,她又忙着找瓦匠动工,又一月有余,在她的操劳下,儿子的新房按女方家人的要求砌成了。

儿子成婚的那天,她忙前顾后照应着,直至累倒在灶台旁。等她醒来后,她躺在儿子的怀中,儿子在大喜的日子一把鼻涕一把眼泪地哭着说:“妈,村长告诉我了,我打工在外,您一人为新宅地足足挑了百船泥,一船泥足有 200 担,一担 4 锹泥,一担要走 50 米⋯⋯”她擦着儿子的泪水,轻声地安慰儿子:“今天是你大喜的日子,别哭,妈不是挺过来了嘛!”

这个中年妇女就是我的舅母。

心灵体验

平平淡淡的故事,演绎了没有具体内容的母爱。当生性胆小、见到毛毛虫会大喊大叫的“妻子”能为了孩子“三下五除二”地杀掉一只鸡,当“姐姐”为了让儿子喝上牛奶而深夜运行、批发泥螺,当“舅母”为了儿子成婚而风雨无阻、挑泥盖房,我们能不为这样的母爱而动容吗?

放飞思维

1. “总有一天,你会胆大起来的!”包含了怎样的含义?

2. 一道很简单的算术题:“一船水泥 200 担,一担 4 锹泥,一担要走 50 米⋯⋯”这是一位母亲为儿子成婚挑泥盖房的数据,你算得清吗?

乡下的母亲

◆赵 虎

> 为了自己,也为了那块哺育过我,如今还依然贫
> 困、落后的土地,把所有翻开的日历当做奋进的风帆。

　　多年来,无论上学还是工作,远在千里之外的母亲总喜欢托人带些诸如茶叶、饵丝、腌菜等家乡特产来,而我总在信上或电话里不断重复着同样的话:这既费心又麻烦别人,这些东西昆明大街小巷都有的卖,价格也便宜。然而,她却依旧三四月间带春茶,七八月间带酸笋,让同学、同事和朋友羡慕不已。

　　前年夏天,母亲得知我接连生了几次病,便托人给我带了5只熏的鸽子来,因路远、堵车,当我打开一层又一层的塑料袋时,鸽子已经变味了。我双手捧着鸽子,眼泪不断地在眼眶里打转。晚上母亲打来电话,敦促我赶快把鸽子肉吃了,我不敢告诉她鸽子的去处,只是强忍着眼泪一遍又一遍地说好。

　　后来,从一个亲戚的口中我才知道,那些日子母亲也在生病,而且病得很严重,为了不影响我的工作,她坚决不让父亲告诉我。那5只鸽子是父亲熏给母亲补身子的,而母亲却硬是让父亲托人带了千里之外的我。亲戚的话还没说完,只是小时候在母亲面前流过泪的我,泪珠不断地滚落下来。那一夜我失眠了,不是为了那位已为人妻今生无法忘怀的女孩,而是为了我那身材日益矮小、皮肤日益粗老、头发日益花白,一生勤劳善良的乡下母亲。

　　去年,我回家过春节,见屋内放着好几个腌咸菜的罐子,便跟母亲开玩笑说:"你打算开咸菜店呀!"

　　母亲说:"给你姐妹几个腌腌菜。"

　　"昆明到处都有卖的,你何必那么辛苦。"我说。

　　"就算是现在有钱了,也必须节省,城里东西贵,动不动就是几百块,你忘了那几年我们腌菜加开水的日子是怎么过的。"母亲说。

　　后来我终于明白了,这么多年来,每当我准备摆阔或虚度光阴时,眼前马上就会闪现我那偏僻的小镇和自己青灯夜读的原因;想到没有上到小学三年级,缺少父爱和母爱,孜孜不倦的乡下母亲。她托人捎来的除了一颗慈爱的心,还有无声的鞭策,让我能常常吃到家乡的特产,时时闻到故土的气息,不要让都市五彩的梦幻淹没了乡下人勤劳、节俭、生生不息的生存法则。为了自己,也为了那块哺育过我,如今还依然贫困、落后的土地,把所有翻开的日历当做奋进的风帆。

心灵体验

母亲没有高深的学问，却告诉我们如何实实在在地做人。

茶叶、饵丝、腌菜、熏鸽，普普通通，价值菲薄。然而它们的组合，却构筑起了无法估价的深情氛围，让我时时闻到故土的气息，时时感受到慈母的爱心，更时时鞭策我秉承乡下人淳朴的生存法则，不懈地奋进……

说不尽的母亲，说不尽的爱。

放飞思维

1.作者在文中说："后来我终于明白了"，明白了什么？

2.乡下母亲的那颗善良的心，向我们诉说着什么？

没有上锁的门

◆佚 名

> 母爱之门永不会关闭，它时刻向每一个子女
> 敞开着，母爱永远是儿女最温暖的亲吻。

在苏格兰的格拉斯哥，一个小女孩像今天许多年轻人一样，厌倦了枯燥的家庭生活和父母的管制。

她离开了家，决心要做世界名人。可不久，在经历多次挫折打击后，她日渐沉沦，最终走上街头，开始出卖肉体。

许多年过去了，她的父亲死了，母亲也老了，可她仍在泥沼中醉生梦死。

这期间，母女从没有任何联系。可当母亲听说女儿的下落后，就不辞辛苦地找遍全城的每个街区，每条街道。她每到一个收容所，都哀求道："请让我把这幅画挂在这儿，行吗？"画上是一位面带微笑、满头白发的母亲，下面有一行手写的字："我仍然爱着你……快回家！"

几个月后，这个女孩子懒洋洋地晃进一家收容所，那儿，等着她的是一份免费午餐。她排着队，心不在焉，双眼漫无目的地从告示栏里随意扫过。就在那一瞬，她看到一张熟悉的面孔："那会是我的母亲吗？"

她挤出人群，上前观看。不错！那就是她的母亲，底下有行字："我仍然爱着你……快回家！"

她站在那里，泣不成声。这会是真的吗？

这时，天已黑了下来，但她不顾一切地向家奔去。当她赶到家的时候，已经是凌晨了。

站在门口，任性的女儿迟疑了一下，该不该进去？终于她敲响了门，奇怪！门自己开了，怎么没锁？不好！一定是有贼闯了进来。记挂着母亲的安危，她三步并作两步冲进卧室，却发现母亲正安然地睡觉。

她把母亲摇醒，喊道："是我！是我！女儿回来了！"

母亲不敢相信自己的眼睛。她擦干眼泪，果真是女儿。娘儿俩紧紧地抱在一起，女儿问："门怎么没有锁？我还以为有贼闯了进来。"

母亲柔柔地说："自打你离家后，这扇门就再也没有上过锁。"

母爱是最伟大的，它没有任何附加条件，无论你优秀还是普通，甚至是……母爱之门永不会关闭，它时刻向每一个子女敞开着，母爱永远是儿女最温暖的亲吻。

1.门为什么没锁？女儿的问题妈妈回答是："自打你离家后，这扇门就再也没有上过锁。"是啊，在母亲心中，女儿离家后永远是母亲心中的挂牵，这扇门永远为女儿开着。请你分析题目取名为"没有上锁的门"的艺术效果。

2.小女孩的莽撞行为给我们青少年又有什么启示？

　　母爱是神圣的，父爱又何尝不伟大！父爱往往是平淡的，平淡得几乎使你想不起父亲曾经为你做过什么。父爱又是深沉的，它是男人之爱，像大山一样巍峨；父爱又如冰河，心里流淌着真情，融入了父亲至纯无私的爱。当你细细品味时，你会深深体会到：此爱绵绵无绝期！

手掌上的阳光

　　珍爱生命,就像是用泉水去浸泡萝卜干,无论是哪一种形式的浸泡,都会让人看见生命恢复原状的过程,一种世间最耐人寻味的过程,一粒种子到开放花朵的过程。

手掌上的阳光

◆王林先

> 如果我的心血可以化做阳光，我一定将它
> 捧上手掌，高高托举，以温暖我爱的和爱我的
> 人，温暖在不幸之中高高地昂起头的人。

"爸爸，我想你……"儿子说。

电话那头，在那个古老城市的一所脑病专科医院，儿子双手捧着听筒，靠在病床上大声说话，他的声音越过千山万水来到我耳边的时候，已经变得飘忽如烟。然而就是他那稚嫩而缥缈的声音，时时拨动我心灵深处最柔弱最易疼痛的弦，让我常常不由得捂住胸口。

儿子5岁，原发性脑瘫。极差的平衡能力、明显畸形的剪刀步态、僵硬的双腿，让他至今无法独立行走，无法像其他孩子一样，无忧无虑地奔跑在绿草如茵的田野上，尽情享受童年的快乐。然而他却能够不停地思考，从简单的"人为什么要吃饭"到显得难以理解的他"为什么不能像其他孩子一样"，他都有自己的解释。而我做得更多的是，给他讲故事，教他背唐诗。一年下来，他已经能背诵几十首唐诗，讲几十个故事。他用柔弱而善良的心灵去体验来自命运深处的悲欢离合、艰难苦痛，然后对我说出他的想法。说完后，一脸灿烂的笑，常常照亮整个家。命运对我也许是残酷的，让我和我的儿子不得不在苦痛中苦苦挣扎；然而命运对我也许应该是宽厚的，因为我不停地在儿子的笑声中感受生活的力量，生活也就在淡淡的疼痛中充满希望了。

针灸师把一根根长长短短的针扎在儿子的头上、腿上、手上。儿子大声哭叫，每扎一下，他的握在我双手中的小小的身子就要痉挛一下，但他没有拼命挣扎，他知道这是给他治病。然而，在他传递给我的痉挛和颤栗中，我的心早已被那针扎得千疮百孔，鲜血淋漓。我默念，就让我用鲜血抚平孩子的伤痛吧！就让我用心血换取孩子的希望吧……

早晨阳光静静铺满山冈，恰若母亲轻柔的倾诉。在我很小的时候，父亲也曾牵着我的手，踏着结满露珠的青草，在淡淡的青草与泥土的甜香中走过山冈，而我，也带着期求长大的淡淡的彷徨无数次感受阳光的温暖——一种博大空旷的温暖。当我试着牵儿子的手走过那熟悉的山冈的时候，儿子却坚持要自己站在山冈上晒晒太阳。他吃力地支撑住身子，保持着艰难的平衡，一边还对我骄傲地喊：

45

"你看我，快看，爸爸……"葱绿的山冈上，空旷飘逸的阳光里，儿子只是小小的一点，而那一点、那一刻却似乎就是我的全部。他还是跌倒了，我要拉他的时候，他却愤怒地甩开我的手，要试着自己站起来。他站起来了，汗水和泥污掩不住他脸上骄傲而稚气的笑。他摊开双手，平平举起，任阳光在手掌上停泊、流淌、飘飞……

"以后，我也可以带他来这儿走走……"我的父亲高兴地说，脸上露出久违的笑容。50多岁的父亲在肝硬化的折磨中已经走过4年。4年里，他有足够的时间思考命运，思考生活，思考身内身外的一切，思考生命本身的意义。对生命的珍爱，对儿孙的关怀常常让他郁郁寡欢。尽管他已学会了静静等待，学会了平和地看待一切。爷孙俩走在小山冈上，一高一矮，两道阳光的剪影，在巨大的虚空里临风飘举。我恍然如梦。

我又能做些什么说些什么呢？

如果生命超于生存和俗世生活本身之外，我们负载生命的能力常常弱于负载苦难的能力。我感激儿子手掌上流淌的阳光，温暖我生命的阳光。

"爸爸，现在扎针的时候，我可以不哭了。不信，你问妈妈……"儿子说。我没有说话，泪水却已夺眶而出。

孤身一人在陌生的城市里带着儿子治病的，是我的妻子。她是农村中学教师，每周有近30课时的课。尽管工作压力让她难以承受，她还是尽最大努力安排好我们小小的家，就像一只疲倦的鸟，在羽翼低垂、嘴角渗着鲜血的时候，仍然要呵护好自己的巢。劳累过度让她心力交瘁，在她走下讲台10小时之后，仅有7个月孕期的儿子便出生了。因为早产是导致孩子生病的主要诱因之一，她一直怀着深深的愧疚。当然，她也明白，这绝不是她的错。于是我们拉扯着孩子，相依为命。我常常想起蒲柏的那句话："一切都可以靠努力得到，惟独妻子是上帝的恩赐。"我也会想起《非常爱情》里，女主人公守着昏迷不醒的爱人唱的那首歌："爱人啊爱人，你是我眼泪里摇出的小船……"是的，我知道，爱可以支撑一切。

如果我的心血可以化做阳光，我一定将它捧上手掌，高高托举，以温暖我爱的和爱我的人，温暖在不幸之中高高地昂起头的人。

恰如我儿子手掌上流淌的、温暖我的阳光。

心灵体验

针灸师把一根根长长短短的针每扎一次在儿子的身上，儿子都要痉挛一下，而做父亲的心被那针扎得千疮百孔，鲜血淋漓，父亲默念："就让我用鲜血抚平孩子的伤痛吧！就让我用心血换取孩子的希望吧……"哪个做父亲的不是这种想法！

1."我感激儿子手掌上流淌的阳光,温暖我生命的阳光。"体现了父子之间怎样的感情?

2.文中提及到父亲对爱子的愧疚时,引用《非常爱情》里唱的那首歌,表达了作者怎样的情感?

3.文章倒数第二自然段的表白,表达了作者怎样的思想情感?

家有升学女

◆蒋子龙

> 我有自己的生活规律,不可能陪着她天天熬夜。即使我能熬夜也不能天天陪她,要让她自觉为自己负责。

做父亲,真正是一门"做到老学到老"的学问。

最惨的是像我这样,年近"知天命"了,女儿才刚要考高中,对如何做父亲忽然没有把握了。

当她到夜里 12 点多还不休息的时候,我一方面感到欣慰:她自己知道用功,我就可以省点心了。同时又感到心疼:小小年纪没黑没白,没有周末也没有节假日,一熬多半年,怎么受得了!

我有自己的生活规律,不可能陪着她天天熬夜。即使我能熬夜也不能天天陪她,要让她自觉为自己负责。

尽管这样说,只要我先她而睡,总是很不好意思.有点偷偷摸摸睡懒觉的感觉。深更半夜丢下女儿一个孤立奋斗,我还敢说自己是个负责任的好父亲吗?

她进入初三下学期,我联合妻子跟女儿进行了一次长谈,共同分析了她面临的形势和任务。初中毕业后她有三种选择:考高中、考中专、考技校。她选择了第一种,上高中。好,我们继续分析:上高中的目的是为了考大学,非常单纯。高中有两种,一般的高中和重点高中。考上重点高中就有希望上大学;进入一般的高中,上大学的希望就渺茫了,考不上大学就得被打入街道等待分配工作。

路,就是这么窄。

女儿的目标当然是选择重点高中。

要实现这目标就只有两个字:拼命。

虽然把该说的道理说得非常清楚了,女儿的命运交由她自己去掌握,我们再管得过多只会干扰她,惹她厌烦。但她一言一行,情绪的细微变化,都受到我密切注视。我想女儿的心里也很清楚,父母嘴上说多照顾她的生活,不再过多地过问她学习上的事,其实真正关心的还是她的功课。她每时每刻都能感受到父亲监察的目光。

她经常洗头,有时放学回来就洗。有时做一会儿功课再洗,一周要洗两三次。头发不长,每次都要耗费半小时左右。开始我以为她用洗头驱赶睡意,清醒头脑。后来发现每天晚上例行公事的洗脸漱口,她有时要磨蹭10分钟。每个动作都是那么慢条斯理,有板有眼,毛巾挂在绳上还要把四角拉平,像营房里战士的毛巾一样整齐好看,看似很认真,又像是心不在焉。

她这是得了什么病?

时间这么紧,一方面天天熬夜,一方面又把许多很好的时光浪费掉。

我很着急,却又不能为此批评她。连女儿洗头用多少时间,洗脸用多少时间,都看表,都想加以限制,这样的父亲未免太刻板,太冷酷无情了。

渐渐我似乎猜到了女儿为什么要借助于玩水而消磨时间。她自己也未必意识到,与水的接触使她放松了,暂时可以忘记课本,忘记那日益迫近的升学考试,排解各种压力和紧张。洗脸漱口谁也不能干涉,多亏每天还有一段自由自在的洗漱的时间。

让她保留一点能够让她轻松惬意的生活习惯吧。她活得太沉重、太劳累、太单调了。尽管她从小就被太多的爱包裹着,为了让她长见识,长身体,我们几乎每年都要带她外出旅游,让她看山、下海、走草原、钻森林,她和同龄孩子相比应该说是幸福的。不知她将来怎样回忆自己的童年? 我总觉得现在的孩子也许不会有终生难忘的童年记忆。他们一出生,最晚从上小学一年级起,竞争就开始了。社会的压力、家庭的压力,都会转嫁到他们身上。

现在的孩子活得像大人一样累,甚至比大人还要累。

有时候我真希望自己是孩子们的朋友,而不是他们的父亲。做父亲就要这也担心,那也负责。而这种担心和负责却未必是孩子们所需要的。当初跟儿子的关系就足以让我们深思许多东西,从他上初中到进大学这段时间里,父子关系老是跟着他的分数线起伏不定,时紧时松。直到他参加工作才恢复自然和谐。

现在跟女儿的关系又有点儿紧张,除去跟她谈学习,似乎没有让我更感兴趣的话题。而谈学习正是她最厌恶的话题,常常一言不发,问三句最多答一句。

我把"父亲"这两个字理解得太神圣、太沉重了,因而潇洒不起来。好在我还有自知之明,在不断观察,不断思考,不断修正自己。

父亲、孩子在不同的旅途上扮演着各自的角色,真实、有情,但总给人一种沉重感,一种紧张感。父亲的心,老是跟着孩子的分数线起伏不定,时紧时松,这种爱真是太神圣而又沉重了,可怜天下父母的心啊!

1.父亲看女儿洗漱白白浪费时间,为什么没对女儿直接说?
2.你认为文中对"父亲"的责任应作何理解?

父 亲 的 心

◆叶倾城

已婚而没有小孩的女儿我想笑,却扑簌簌地落下眼泪。我忽然懂得:这就是父亲的心。

清晨,住院的父亲对我说:"闺女,你昨晚睡得真香呀,比我睡得还死……"
前一夜,60岁的父亲突然嗜睡、意识模糊、行为怪异,妈妈、我和我的丈夫慌忙送他入院,大家取钱交钱,答医生问,办手续,乱作一团。父亲不断地站起、坐下、喃喃自语……折腾了半晚。父亲睁开眼,如大梦方醒:"怎么我会在医院?"医生说他的病只是偶然、暂时的,身体各方面指数也都还正常。全家人心中的石头落了地,才好歹能睡个安稳觉。
听了父亲的话,我只笑笑,想:睡得沉些,也是应该的。
医生过来嘱咐:"老爷子,看样子你没睡好。你放宽心吧,有这么好的女儿陪着,你还有什么好担心的?"
父亲默默点头,无语。
父亲病愈出院,偶有一次与我拉家常,说起病房的门:弹簧门,一开一启都无声无息,没有插销。白天黑夜,医生护士川流不息,用脚一抵就开了;至于病房的窗,当然也没有铁栅栏。
父亲说:"我就怕有坏人进来,对你不利呀……"
所以,父亲刚朦胧睡着,陡地惊醒,转脸看女儿和衣睡在隔邻的病床上,侧卧着一动不动,心略略安了些,又闭了眼。睡意一来袭,父亲又猛地一醒,赶紧看一眼女儿……他的心一直提着放不下,醒醒睡睡,就这样折腾了一夜又一夜。

30岁的我,看着父亲,简直想不通:有坏人进来,他能怎么样?60岁的老者,从死亡的悬崖上被拖回来,一整天就喝几口粥,一只手上还插着针,涓滴不已,是生理盐水和氨基酸——他有糖尿病,连葡萄糖都不能打。真遇歹徒,只怕他连呼救的力气都没有。

但,他还记得:要护佑女儿。

已婚而没有小孩的女儿我想笑,却扑簌簌地落下眼泪。我忽然懂得:这就是父亲的心。

也许你不曾经意在父母的呵护下成长,若不是闲聊起这病房的弹簧门,有可能会一直都没有体验父亲的心,或许要等到自己有孩子的时候吧。

1.文中父亲的年龄和"我"的年龄的交代突出了什么主题?
2.真遇歹徒,父亲会真的连呼救的力气都没有?

简　　单

◆邹立寅

> 他看到了父亲的眉、母亲的眼,也听到了那句
> 朴实得不能再朴实、简单得不能再简单的话——
> "儿子,好好干!"

又是一个难得的星期天,枫早早地起了身,趴在床上,准备给家里写封信。学校里又要收费了,而且数目不小。校服、校鞋、秋游,再加上这个月的伙食费,总额达到了600元。笔握在手里,却颤得厉害。枫知道,对于面朝黄土背朝天的父母来说,每一封家书就是一次告急,无奈啊!当初把儿子送到这所县重点学校已是奢侈中的奢侈,他们苦苦地在地里干啊干,为的就是凑齐学费,但现在又……

枫不忍心再往下想,也没有了勇气,只觉得鼻子酸溜溜的,两眼湿湿的。他丢开信纸,跑出了宿舍。

天刚蒙蒙亮，秋风也异常刺骨，校园里依旧是静悄悄的。走在秋风瑟瑟的林阴道上，枫想到了暑假里接到通知书的那一刻。父亲猛抽了三天的烟，紧锁的眉未曾舒展；母亲抽抽噎噎了三天，通红的眼未曾褪色。枫呢?踌躇、矛盾、胆怯，一种强烈的求知欲、一种"我要读下去"的信念与家中的经济状况背道而行……他困惑，他迷惘，他不知何去何从。

三天后父亲的那个决定将他送进了这所学校。他背负着沉甸甸的亲情，手捧着两颗滚烫的望子成龙的心走进了校园。父亲没说什么，只是用那双深邃的眸子望着他，简简单单地道了句："儿子，好好干!"

枫攥了攥拳头，狠狠地击了一下跟前的那棵杨树。他深知此刻的自己已是举起的竿子、过河的卒子，不能下跪! 不可后退!

就这样，一封"告急书"去了老家，上头只有简单的两行字：

父亲：

    本月需交费 300 元，加生活费 300 元，共 600 元。

    我会好好干!

儿子

一周后的一大早，枫终于盼来了回音——一个鼓鼓的邮包。有点儿诧异，有点儿不安，也有点儿踏实。他风一般奔回宿舍，撕开封口，倾出"内涵"。他怔住了! 眼前是一堆零钱，但他觉得那不是感性的、简单的钞票，那是一滴滴汗、一股股血凝成的一群"精灵"啊! 有 50 元的，有 10 元的，有 5 元的，有 1 元的，有 5 角的……但没有一张是 100 元整的。在那堆神圣的、沉甸甸的"精灵"中，枫找到了一张小纸条，上面更简单地写着：

儿子：

    好好干吧!

父亲

在这个朦胧的清早，大地还是沉睡的，太阳还是沉睡的，校园也还是沉睡的，但枫醒着。他看到了父亲的眉、母亲的眼，也听到了那句朴实得不能再朴实、简单得不能再简单的话——"儿子，好好干!"

亲情就是如此简单，亲情就真的只是如此简单吗?

父亲是伟大的坚强的，像一个有力的臂膀扛着生活。儿子是懂事的争气的，难道还有比一个有志气的儿子更让父亲欣慰的吗？多么令人感动的故事。"好好干"道出了父子的心声，其中蕴涵着儿子的决心、父亲的信任及儿子的体谅、父亲的疼爱等多重信息，温暖的亲情洋溢其中，震撼人的心灵。

　　1.父与子的家书各有特点，其中表达了各自什么样的心情？
　　2.好好理解"亲情就是如此简单，亲情就真的只是如此简单吗？"这句话。

父爱昼夜无眠

◆尤天晨

　　　　我的双手朝圣般拂过父亲条条隆起的胸骨，
　　　　犹如走过一道道爱的山冈。

　　父亲最近总是萎靡不振，大白天躺在床上鼾声如雷，新买的房子如音箱一般把他的声音"扩"得气壮山河，很是影响我的睡眠——我是一名昼伏夜"出"的自由撰稿人，并且患有神经衰弱的职业病。我提出要带父亲去医院看看，他这个年龄嗜睡，没准就是老年痴呆症的前兆。父亲不肯，说他没病。再三动员失败后，我有点恼火地说，那您能不能不打鼾，我多少天没睡过安生觉了！一言既出，顿觉野蛮和"忤逆"，我怎么能用这种口气跟父亲说话？父亲的脸在那一刻像遭了寒霜的柿子，红得即将崩溃，但他终于什么也没说。

　　第二天，我睡到下午4点才醒来，难得如此"一气呵成"。突然想起父亲的鼾声，推开他的房门，原来他不在。不定到哪儿玩麻将去了，我一直鼓励他出去多交朋友。看来，虽然我的话冲撞了父亲，但他还是理解我的，这就对了。父亲在农村穷了一辈子，我把他接到城里来和我一起生活，没让他为柴米油盐操过一点儿心。为买房子，我欠了一屁股债。这不都得靠我拼死拼活写文章挣稿费慢慢还吗？我还不到30岁，头发就开始"落英缤纷"，这都是用脑过度、睡眠不足造成的。我容易吗？作为儿子，我惟一的要求就是让他给我一个安静的白天，养精蓄锐。我觉得这并不过分。

父亲每天按时回来给我做饭,吃完后让我好好睡,就又出去了。有一天,我随口问父亲,最近在干啥呢?父亲一愣,支吾着说:没,没干啥。我突然发现父亲的皮肤比原先白了,人却瘦了许多。我夹些肉放进父亲碗里,让他注意加强营养。父亲说,他是"贴骨膘",身体棒着呢。

转眼到了年底。我应邀为一个朋友所领导的厂子写专访,对方请我吃晚饭。由于该厂离我的住处较远,他们用车来接我。饭毕,他们又送我一套"三枪"内衣,并让我随他们到附近的浴室洗澡。雾气缭绕的浴池边,一个擦背工正在一肥硕的躯体上刚柔并济地运作。与雪域高原般的浴客相比,擦背工更像一只瘦弱的虾米。就在他结束了所有程序,转过身来随那名浴客去更衣室领取报酬时,我们的目光相遇了。"爸爸!"我失声叫了出来,惊得所有浴客把目光投向我们父子,包括我的朋友。父亲的脸被热气蒸得浮肿而失真,他红着脸嗫嚅道,原想跑远点儿,不会让你碰见丢你的脸,哪料到这么巧……

朋友惊讶地问,这真是你的父亲吗?

我说是。我回答得那样响亮,因为我没有一刻比现在更理解父亲,感激父亲,敬重父亲并抱愧于父亲。我明白了父亲为何在白天睡觉了,他与我一样昼伏夜出。可我深夜沉迷写作,竟从未留意父亲的房间没有鼾声!

我随父亲来到更衣室。父亲从那个浴客手里接过3块钱,喜滋滋地告诉我,这里是闹区,浴室整夜开放,生意很好,他已攒了1000多块了,"我想帮你早点儿把房债还上"。

在一旁递毛巾的老大爷对我说,你就是小尤啊?你爸为让你写好文章睡好觉,白天就在这些客座上躺一躺,唉,都是为儿为女哟……

我心情沉重地回到浴池。父亲撇下老李头,不放心地追了进来。父亲问,孩子,想啥呢?我说,我想,让我为您擦一次背……话未说完,就已鼻酸眼热,湿湿的液体借着水蒸气的掩护蒙上眼睛。

"好吧,咱爷俩互相擦擦。你小时候经常帮我擦背呢。"

父亲以享受的表情躺了下来。我的双手朝圣般拂过父亲条条隆起的胸骨,犹如走过一道道爱的山冈。

心灵体验　　当在浴室里见到父亲为客人搓背时,朋友的疑问得到儿子响亮的回答:是我父亲!此时此景,做儿子的更理解父亲、感激父亲、敬重父亲,并抱愧于父亲!父爱也如一座巍峨的大山呀!

1.父亲的鼾声不见了和"贴骨膘"身体都未令儿子警觉父亲的变化,说明父与子在亲情关系上孰重孰轻?

2.文章的结尾让人舒了一口大气,结合本文,请你对照自己是否也有过类似的经历?

父 亲 的 信

◆孙盛起

> 父母之爱是无声无息的大海,儿女之爱是一路欢歌的小溪;儿女走得再远,也走不出父母爱的视线。

和前几次一样,李星把父亲的来信看都没看就塞进了抽屉。

来这个远离家乡的小城工作已经快一年了,这期间,月月都要接到父亲的来信,偶尔一个月能接到两封。不过,所有的信,他只看过三封——前三封。

起初,他是怀着焦急的心情等待父亲的来信的。毕竟父亲一个人在乡下料理那一亩三分地,孤苦伶仃又体弱多病,让他放心不下。第一封信他在收发室里就迫不及待地拆开来看。父亲不识字,一看就知道信是让邻居只上了三年小学就回家放羊的周二狗写的:

"儿子:你身体好吗?工作好吗?别担心我,我的身体还好,日子也还过得去。记住,别睡得太晚,别和别人打架,别和头儿顶嘴。还有,晚上起夜要披上衣服,别着凉了。爹说过了,要是你在外面惹了祸,爹就打断你的腿。父亲"

这封信对他这个中专生来说,实在是短而无味,因此刚拿到信时的兴奋转瞬之间就化为失望。尽管他并没指望一辈子和黄土打交道的父亲能说出什么优雅的字句,但这封信也太过生硬,仿佛无话找话,让他丝毫感觉不到体贴和温暖。不过,他还是立刻写了回信(信中故意用了一些周二狗肯定不认识的字词),向父亲说了一些小城和自己的工作情况。毕竟父亲省吃俭用供自己读完了中专,他也因此才有了这份工作,对这一点他是十分感激的。

接到第二封信时,李星开始感到父亲很无聊,因为除了把"晚上起夜要披上衣服"换成了"睡觉时不要开着窗户"外,其余和第一封信一字不差。这次他写回信就拖了几天。看完第三封信,他紧皱着眉头,脸上甚至流露出讥诮的神情。如他所料,这封信和上一封信的不同之处，只是将"睡觉时不要开着窗户"改成了"把蚊帐挂上，有蚊子了"。他终于决定以后不再写回信。当然，他并不是为了节省 8 毛钱的邮票，甚至也不仅仅因为面对如此简单粗陋的来信觉得实在无话可说，而是这其中还有一个小秘密——信的末尾，有一行写上又划掉的话，他经过仔细辨认，看出那是"我知道你手头紧。爹也过得紧巴巴"。这再清楚不过了：父亲想向他要钱，可是考虑到他才工作不久，又觉得不妥，所以让周二狗把那句话划掉了。对此他的心中顿生怨言：乡下没有多少花钱的地方，即使日子过得紧张，将就一下也就过去了。可这里不行，同事间的应酬自然免不了，自己也不能吃穿太寒酸。更何况他现在正向打字员顾芳献殷勤，上次请她吃饭一家伙就花去了他半个月的工资，因此自己到月底还对着瘪口袋发愁呢，哪还有多余的钱往家里寄呢？当然，这些话是不能对父亲说的，说了他也不会理解。而且，父亲这次把那句话划掉了，没准儿下次就真会写上，到那时，他真的不知道该如何是好。思前想后，觉得最好的办法就是既不写回信，也不看信，这样眼不见心不烦，落得个清静。

如今他的抽屉里已经有十几封没有拆看的父亲的来信。

他洗完手，擦完脸，对着镜子把头发梳理整齐。宿舍里的人都到食堂打饭去了，整幢楼显得很安静。今晚他约好顾芳到外面吃饭，因此在宿舍等她打扮好了来叫他。

有人敲门。他兴高采烈地开门，却见不是顾芳，而是同乡郭立。

"你爸给我来了一封信，问你出了什么事？为什么给你写了那么多信你一封信也没回？真不明白，你怎么不写回信？唉，老人家一个人在家里……"

郭立冷冷地说着，不等他开口问，就狠瞪了他几眼，扭头走了。

这可真让人扫兴。他愤愤地坐到床上，深怪父亲竟然给别人写信打听他的消息。稍一思考，他的嘴角就不禁露出一丝冷笑：不就是为了钱吗？写信来要钱，见没有结果，急了。哼！看他找什么理由要钱！——他这样想着，就拉开抽屉，拿起刚收到的那封信，狠狠地将信皮撕开。当他将信纸抽出并抖开时，一张五元的纸币轻轻飘落到地上！他的心一惊，连忙看信的内容，见信的末尾清楚地写着："我知道你手头紧，爹也过得紧巴巴，所以别怪爹邮的钱少。"

他发疯似的把抽屉里的信一一拆开。每一封信里都夹着一张 5 元的纸币，而信的末尾都写着那句同样的话。

心灵体验　父亲那找人代笔、令儿子不屑卒读的信，是何等地令儿子震惊、惭愧、自责、自悟呵！是的，父母之爱是无声无息的大海，儿女之爱是一路欢歌的小溪；儿女走得再远，也走不出父母爱的视线，儿女反哺之爱再丰厚，也难抵父母养育之爱于万一。

1.你能读懂第一次儿子看到信末尾那段写上又划掉的话吗？
2.父子的信的反差说明了什么？

父亲的儿子

◆[美]比尔·海威　周 丹 编译

> 我想告诉他，我要背这个包袱，这是我与生俱
> 来的权利。但我说不出话来，只是伸出手，握住了
> 父亲的手。

父亲身穿一条灯心绒裤子和一件我十年级时穿不下的衬衫站在我门前。他是来帮我装一只污物碾碎机的。

小时候，总觉得父亲只是家里一个拥有特权的长期房客。我和母亲都很书生气，多愁善感。而父亲是个一辈子没有失眠过的乐天派。和世上的许多父子一样，我们老是斗，而且没有停战的时候，我们父子之间的冷战从我少年时期开始一直持续到1973年离家上大学为止。他以前当过海军战斗机飞行员，他相信世上的一切问题，包括被家人溺爱、萎瘪瘪没精神的儿子，都可以以纪律手段来处理。

作为家里的男孩子，家人对我寄予厚望。我最怕把成绩单带回家。父亲看着那些"C"，总是摇摇头，懊丧地说："我不会考出这种成绩。我要是有你这样的脑瓜子，肯定比你强。"曾经有一段时间，我们八年级男生在班上的地位高低往往取决于他的头发长短。谁头发长，谁就会让人刮目相看。可是，每到星期六，父亲就押着我上理发店，威风凛凛地对手握剪子的师傅说："够梳就行了！"我闭上眼睛，为的是不让他看到我的眼泪。

我离家上了大学，可是父亲仍然占据着我的脑海。做任何事情我都会听到父亲的声音。直到我看见自己的文章印成铅字的时候，我才感到渐渐脱离了父亲的掌心，开始拥有了自己的生活。

现在，我疑惑，站在我面前的这位74岁的老人就是当年追打我，把我吓得屁滚尿流的巨人吗？他曾经对我的职业颇不以为然，"那活儿能赚钱吗？"如今，每当有人错把他当成"作家"比尔·海威时，我的职业成了他的自豪。我们就像来自敌对阵营的退伍老兵，征战多年后终于握手言欢了。过去的冲突已经遥远似梦。

不久前，我和父亲一起吃午饭。父亲告诉我，部队会为他免费火化，骨灰也由

他们负责撒到海里去。我觉得心中有什么东西碎了。我哽咽着说："我会为你撒骨灰的。"

"比尔，"他不知道说什么好，"我只是不想让你背上这个包袱。"

我想告诉他，我要背这个包袱，这是我与生俱来的权利。但我说不出话来，只是伸出手，握住了父亲的手。

记得曾读过一篇关于儿子在不同年龄段对父亲不同评价的文章，大意是：小时候，敬畏于父亲的伟大；青年时，不屑于父亲的猥琐；中年时，醒悟于父亲的不易；老年时，感喟于父亲的伟大。的确，父亲，为了他的儿女一直坚强地、默默地挺立，栉风沐雨，无怨无悔，令人叹服，令人敬畏！在父爱面前，让我们三缄其口，伸出我们的手，握一握父亲那老迈而年轻、麻木而易感的手，真诚地，无声地，一如美国作家比尔·海威。

1. 父亲的心愿是："我只是不想让你背上这个包袱。"让儿子怎么想？

2. 当74岁的老人站在"我"面前时，与当年追打"我"，把"我"吓得屁滚尿流的巨人相比，形成巨大的反差，你对此有何感想？

拾馒头的父亲

◆邓 为

你其实没必要自卑，别人的歧视都是暂时的，
男子汉，只要努力，别人有的，咱们自己也会有。

16岁那年，我考上了全县城最好的高中。听人说，考上这所学校就等于一只脚迈进了大学。父亲欣喜不已，千叮咛万嘱咐，希望我将来能考上大学。

恰巧这时我家在县城的一个亲戚要搬到省城去住，他们想让我父亲去帮忙照看一下房子，还给父亲建议说在县城养猪是条致富路子，因为县城人多，消费水平也高，肯定比农村卖的价钱好。父亲欣然答应，一来这确实是个好法子，二来在县城还可顺便照顾一下我。

57

等我在高中读了一个学期后,父亲在县城也垒好了猪圈,买来了猪崽。我平时在学校住宿,星期六的时候就去父亲那儿过夜,帮父亲照料一下小猪,好让父亲腾出时间回家去推饲料。

猪渐渐长得大起来,家里的饲料早已吃了个精光,亲戚送给我们家的饲料也日趋减少。买饲料吧,又拿不出钱来,父亲整日显得忧心忡忡。

我也愁在眉上急在心里,但也一筹莫展。有天我去食堂打饭时,发现许多同学常常扔馒头,倒饭菜,我突然想到,把这些东西拾起来喂猪不是挺好吗。

我回去跟父亲一说,父亲高兴得直拍大腿,说真是个好主意,第二天他就去拾馒头剩饭。

我为自己给父亲解决了一个难题而窃喜不已,却未发现这给我带来了无尽的烦恼。父亲那黑乎乎的头巾,脏兮兮的衣服,粗糙的手立时成为许多同学取笑的对象。他们把诸如"丐帮帮主""黑橡胶"等侮辱性的绰号都加在了父亲头上。

我是一个山村里走出来的孩子,我不怕条件艰苦,不怕跌倒疼痛,却害怕别人的歧视。好在同学们都还不知道那是我的父亲,我也尽量躲避着父亲,每到他来时,我就离得远远的。

但我内心害怕被别人识破和歧视的恐惧却日复一日地剧增。终于有天我对父亲说:"爹,你就别去了,叫人家都知道了,会嘲笑我……"

父亲脸上的喜悦一下子消失了。在漆黑的夜里,只有父亲的烟锅一红一红的,良久父亲才说:"我看还是去吧!不和你打招呼就是了。这些日子,正是猪长膘的时候,不能断了粮的。"

我的泪就落下来。对不起了父亲,我是真心爱你的,可你偏偏是在学校里拾馒头,我怕被别人看不起呀!

接下来的日子,父亲继续拾他的馒头,我默默地读书,相安无事。我常常看见父亲对着张贴成绩的布告栏发呆,好在我的成绩名列前茅,可以宽慰父亲的,我想。

1996年的冬天,我期末考试成绩排在了年级前三名,而且还发表了许多文章,一下子声名鹊起。班里要开家长会,老师说,让你父亲来一趟。

我的心一下子就凉了,我不知别人知道那拾馒头人就是我父亲时会怎样嘲笑我。伴着满天风雪回到家,我对父亲说:"爹,你就别去了,我对老师说你有病……"父亲的脸色很难看,但终究没说什么。

第二天,我挟着风雪冲到了学校,坐进了教室。家长会开始了,鼓掌声和欢笑声不断,我却一直蔫蔫呆呆,心里冰凉得厉害。父亲啊,你为何偏偏是一个农民,偏偏在我们学校拾馒头呢!

我无心听老师和家长的谈话,随意将目光投向窗外。天哪!父亲,我拾馒头的父亲正站在教室外面一丝不苟地聆听老师和家长们的谈话,他的黑棉袄上落满了厚厚的积雪。

我的眼泪就哗哗地流了下来。我冲出教室,将父亲拉进来,对老师说:"这是我爹。"一下子掌声雷动……

回去的路上,父亲仍挑着他捡来的两桶馒头和饭菜。父亲说:你其实没必要自卑,别人的歧视都是暂时的,男子汉,只要努力,别人有的,咱们自己也会有。

以后,同学们再也没有取笑过父亲,而且都自觉地将剩饭菜倒进父亲的大铁桶里。1997年金秋九月,父亲送我到省城读大学。我们乡下人的打扮在绚丽缤纷的校园里显得那么扎眼,但我却心静如水,没有一丝怕被别人嘲笑的忧虑。我明白,在这个世界上,歧视总是难免的,关键是自己要看得起自己。正如父亲说的那样:别人的歧视都是暂时的,男子汉,只要努力,别人有的,咱们自己也会有。

本文有两个细节,令我们热泪盈眶:一是我怕别人嘲笑,劝阻父亲到学校食堂拾馒头时,父亲的神态、语言描写;二是我不让拾馒头的父亲到校参加家长会。有人说,忍辱负重,一般人,负重可以,但难以忍辱,可是拾馒头的父亲啊,为了望子成龙,他那细腻丰富的内心经历了怎样的羞辱与波动?父爱如山!在如此巍巍的父爱面前,做儿女的,夫复何言?

1.文中两处对父亲的细节描写,突出了父亲什么样的性格特征?
2.儿子经过家长会的洗礼,认识到了什么?

那一只灯

◆马 德

我知道,父亲是农民,没有钱去买这么高级的灯笼。但我还是想,父亲能给我做一个,只要能透出亮就行。

总有一些东西,是岁月所消融不了的。

8岁那年春节,我执意要父亲给我做一个灯笼。因为在乡下的老家,孩子们有提着灯笼走街串巷熬年的习俗,在我们看来,那就是一种过年的乐趣和享受。

父亲说,行。

我说,我不要纸糊的。父亲就纳闷儿:不要纸糊的,要啥样的。我说要透亮的。其实,我是想要玻璃罩的那种。腊月二十五那天,我去东山坡上的大军家,大军就拿出他的灯笼给我看,他的灯笼真漂亮,木质的底座上,是四块玻璃拼制成的菱形灯罩,上边似乎还隐约勾画了些细碎的小花。大军的父亲在供销社站柜台,年前进货的时候,就给大军从遥远的县城买回了这盏漂亮的灯笼。

我知道,父亲是农民,没有钱去买这么高级的灯笼。但我还是想,父亲能给我做一个,只要能透出亮就行。

父亲说,行。

大约是年三十的早上,我醒得很早,正当我又将迷迷糊糊地睡去时,我突然被屋子里一阵沙沙沙沙的声音吸引了,我努力地睁开眼睛,只见父亲在离炕沿很远的地方,一只手托着块东西,另一只手在里边打磨着。我又努力地醒了醒,等我适应了凌晨有些暗的光后,才发现父亲正在打磨着一块冰,姿势像是在洗碗。父亲每打磨一阵,就停下来,在衣襟上擦干手上的水,把双手捂在自己的脖子上暖和一会儿。

我说:爹,你干啥了?

父亲说:醒了? 天还早呢,再睡一会儿吧。

我说:爹,你干啥了?

父亲就把脸扭了过来,有点儿尴尬地说:爹四处找废玻璃,哪有合适的呢,后来爹就寻思着,给你做个冰灯吧。这不,冰冻了一个晚上,冻得正好哩。

父亲笑了笑,说完,就又拿起了那块冰,洗碗似的打磨起来。

父亲正在用他的体温融化那块冰呢。

我看着父亲又一次把手放在脖子上取暖的时候,我说,爹,来这儿暖和暖和吧。随即,我撩起了自己的被子。

父亲一看我这样,就疾步过来,把我撩起的被子一把按下,又在我的前胸后背把被子使劲掖了掖,并连连说,我不冷,我不冷,小心冻了你……

末了,父亲又说,天还早呢,再睡一会儿吧。我胡乱地应了一声,把头往被子里一扎,一合眼,两颗豌豆大的泪就洇进棉絮里:你知道吗,刚才父亲给我掖被子的时候,他的手真凉啊!

那一年春节,我提着父亲给做的冰灯,和大军他们玩得很痛快。伙伴们都说这个冰灯做得有意思。后来,没几天,它就化了,化成了一片水。但灯,还在我心里。

心灵体验

母爱是神圣的，父爱又何尝不是伟大的。父爱往往是平淡的，平淡得几乎使你想不起父亲曾经为你做过什么刻骨铭心的事，但就在这平淡里，却融入了父亲的至纯无私的爱，融入了父亲的理想和期盼。或许，当你膝下得子时，当你回头面对老父亲沧桑的皱纹时，将会更深地体悟到这一点：父爱如山。

放飞思维

　　1.冰灯显然不好，时间长了它会融化。作者为什么说那灯还在他心里？

　　2.俗话说贫穷出孝子，从本文中你能体会这句话的含义吗？

台　阶

◆李森祥

　　　我就陪父亲在门槛上休息一会儿，他那颗很
　　倔的头颅埋在膝盖里半晌都没动，那极短的发，
　　似刚收割过的茬，高低不齐，灰白而失去了生机。

　　父亲总觉得我们家的台阶低。

　　我们家的台阶有三级，用三块青石板铺成。那石板多年前由父亲从山上背下来，每块大约有300来斤重。那个石匠笑着为父亲托在肩膀上，说是能一口气背到家，不收石料钱。结果父亲一下子背了三趟，还没觉得花了太大的力气。只是那一来一去的许多山路，磨破了他一双麻筋草鞋，父亲感到太可惜。

　　那石板没经石匠光面，就铺在了家门口。多年来，风吹雨淋，人踩牛踏，终于光滑了些，但磨不平那一颗颗硬币大的小凹凼。台阶上积了水时，从堂里望出去，有许多小亮点。天若放晴，穿堂风一吹，青石板比泥地干得快，父亲又用竹丝扫把扫了，石板上青幽幽的，宽敞阴凉，由不得人不去坐一坐，躺一躺。

　　母亲坐在门槛上干活，我就被安置在青石板上。母亲说我那时好乖，我乖得坐坐就知道趴下来，用手指抓青石板，划出细细的沙沙声，我就痴痴地笑。我流着一大串涎水，张嘴在青石板上啃，结果啃了一嘴泥沫子。再大些，我就喜欢站在那条青石门槛上往台阶上跳。先是跳一级台阶，嘣、嘣、嘣！后来，我就跳二级台阶，嘣、

嘣！再后来，我跳三级台阶，嘣！又觉得从上往下跳没意思，便调了个头，从下往上跳，啪、啪、啪！后来，又跳二级，啪、啪！再后来，又跳三级，啪！我想一步跳到门槛上，但摔了一大跤。父亲拍拍我后脑勺说，这样是会吃苦头的！

父亲的个子高，他觉得坐在台阶上很舒服。父亲把屁股坐在最高的一级上，两只脚板就伸搁在最低的一级。他的脚板宽大，裂着许多干沟，沟里嵌着沙子和泥土。父亲的这双脚是洗不干净的，他一般都去凼里洗，拖着一双湿了的草鞋唿嗒唿嗒地走回来。大概到了过年，父亲才在家里洗一次脚。那天，母亲就特别高兴，亲自为他端了一大木盆水。盆水冒着热气，父亲就坐在台阶上很耐心地洗。因为沙子多的缘故，父亲要了个板刷在脚上沙啦沙啦地刷。后来父亲的脚终于洗好了，终于洗出了脚的本色，却也是黄叽叽的，是泥土的颜色。我为他倒水，倒出的是一盆泥浆，木盆底上还积了一层沙。父亲说洗了一次干净的脚，觉得这脚轻飘飘地没着落，踏在最硬实的青石板上也像踩在棉花上似的。

我们家的台阶低！

父亲又像是对我，又像是自言自语地感叹。这句话他不知说了多少遍。

在我们家乡，住家门口总有台阶，高低不尽相同，从二三级到十几级的都有。家乡地势低，屋基做高些，不大容易进水。另外还有一说，台阶高，屋主人的地位就相应高。乡邻们在一起常常戏称：你们家的台阶高！言外之意，就是你们家有地位啊。

父亲老实厚道低眉顺眼累了一辈子，没人说过他有地位，父亲也从没觉得自己有地位。但他日夜盼着、准备着要造一栋有高台阶的新屋。

父亲的准备是十分漫长的。他今天从地里捡回一块砖，明天可能又捡进一片瓦，再就是往一个黑瓦罐里塞角票。虽然这些都很微不足道，但他做得很认真。

于是，一年中他七个月种田，四个月去山里砍柴，半个月在大溪滩上捡屋基卵石，剩下半个月用来过年和编草鞋。

大热天父亲挑一担谷子回来，身上淌着一片大汗，顾不得揩一把，就往门口的台阶上一坐。他开始"磨刀"。"磨刀"就是过烟瘾。烟吃饱了，"刀"快，活做得也快。

父亲光着很宽大的背脊，一个夏天就这样光着背脊。太阳把他的皮肤烧磨得如牛皮般厚实，油腻腻的，仿佛是涂了一层蜡。然而，却并不光滑，上面结满了芝麻般的痱子。痒起来时父亲就把光背靠在门框上擦，啵、啵、啵，父亲一下下擦得很有力很响。结果把那些痱子都擦破了，痱子便淌着黄水，也流着汗。黄水与汗流到他那块洗白了的围腰上，围腰很宽很长，手摸着，竟能触摸到一粒粒的汗斑。那汗斑仿佛是用油漆刷上去的，很硬实。父亲说是菜油汗，菜油吃多了的缘故。可我们家为了造屋，经常空锅子烧菜，哪有多少菜油好吃。

台阶旁栽着一棵桃树,桃树为台阶遮出一片绿阴。父亲坐在绿阴里,目光经常望出去,那里能看见别人家高高的台阶,那里栽着几棵柳树,柳树枝老是摇来摇去,却摇不散父亲那专注的目光。这时,一片片旱烟雾在父亲头上飘来飘去。

父亲磨好了"刀"。除去烟灰时,把烟枪的铜盏对着青石板"嘎嘎"地敲一敲,然后就匆忙地下田去。

冬至,晚稻收仓了,春花也种下地,父亲穿着草鞋去山里砍柴。他砍柴一为家烧,二为卖钱,一元一担。父亲一天砍一担半,得一元五角。那时我不知道山有多远,只知道父亲鸡叫到第三遍时出发,黄昏贴近家门口时归来,把柴靠在墙根上,很疲倦地坐在台阶上,把已经磨穿了底的草鞋脱下来,垒在门墙边。一个冬天下来,破草鞋堆得超过了台阶。

父亲就是这样准备了大半辈子。塞角票的瓦罐满了几次,门口空地上鹅卵石堆得小山般高。他终于觉得可以造屋了,便选定一个日子,破土动工。

造屋的那些日子,父亲很兴奋。白天,他陪请来的匠人一起干,晚上他一个人搬砖头、担泥、筹划材料,干到半夜。睡下三四个钟头,他又起床安排第二天的活。我担心父亲有一天会垮下来。然而,父亲的精力却很旺盛,脸上总是挂着笑容,在屋场上从这头走到那头,给这个递一支烟,又为那个送一杯茶。终于,屋顶的最后一片瓦也盖上了。

接着开始造台阶。

那天早上父亲天没亮就起了床,我听着父亲的脚步声很轻地响进院子里去。我起来时,父亲已在新屋门口踏黄泥。黄泥是用来砌缝的,这种黏性很强的黄泥掺上一些石灰水豆浆水,砌出的缝铁老鼠也钻不开。那时已经是深秋,露水很大,雾也很大,父亲浮在雾里。父亲头发上像是飘了一层细雨,每一根细发都艰难地挑着一颗乃至数颗小水珠,随着父亲踏黄泥的节奏一起一伏。晃破了便滚到额头上,额头上一会儿就滚满了黄豆大的露珠。

等泥水匠和两个助工来的时候,父亲已经把满满一凼黄泥踏好。那黄泥加了石灰和豆浆,颜色似玉米面,红中透着白,上面冒着几个水泡,被早晨的阳光照着,亮亮的,红得很耀眼。

父亲从老屋里拿出四颗大鞭炮,他居然不敢放,让我来。我把火一点,呼一声,鞭炮蹿上了高空,稍停顿一下便掉下来,在即将落地的瞬间,"啪"——那条红色的纸棍便被炸得粉碎。许多纸筒落在父亲的头上肩膀上,父亲的两手没处放似的,抄着不是,贴在胯骨上也不是。他仿佛觉得有许多目光在望他,就尽力把胸挺得高些,无奈,他的背是驼惯了的,胸无法提得高。因而,父亲明明是该高兴,却露出些尴尬的笑。

不知怎么回事，我也偏偏在这让人高兴的瞬间发现，父亲老了。糟糕的是，父亲却没真正觉得他自己老，他仍然和我们一起去撬老屋门口那三块青石板，父亲边撬边和泥水匠争论那石板到底多重。泥水匠说大约有350斤吧，父亲说不到300斤。我亲眼看到父亲在用手去托青石板时腰闪了一下。我就不让他抬，他坚持要抬。抬的时候，他的一只手按着腰。

三块青石板作为新台阶的基石被砌进去了。父亲曾摸着其中一块的那个小凹凼惊异地说，想不到这么深了，怪不得我的烟枪已经用旧了三根呢。

新台阶砌好了，九级，正好比老台阶高出三倍。新台阶很气派，全部用水泥抹的面，泥瓦匠也很用心，面抹得很光。父亲按照要求，每天在上面浇一遍水。隔天，父亲就用手去按一按台阶，说硬了硬了。再隔几天，他又用根细木棍去敲了敲，说实了实了。又再隔了几天，他整个人走到台阶上去，把他的大脚板在每个部位都踩了踩，说全冻牢了。

于是，我们的家就搬进新屋里去。于是，父亲和我们就在新台阶上进进出出。搬进新屋的那天，我真想从台阶上面往下跳一遍，再从下往上跳一遍。然而，父亲叮嘱说，泥瓦匠交代，还没怎么大牢呢，小心些才是。其实，我也不想跳。我已经是大人了。

而父亲自己却熬不住，当天就坐在台阶上去抽烟。他坐在最高的一级上。他抽了一筒，举起烟枪往台阶上磕烟灰，磕了一下，感觉手有些不对劲，便猛然愣住。他忽然醒悟，台阶是水泥抹的面，不经磕。于是，他就憋住了不磕。

正好那会儿有人从门口走过，见到父亲就打招呼说，晌午吃过了吗？父亲回答没吃过。其实他是吃过了，父亲不知怎么就回答错了。第二次他再坐台阶上时就比上次少了一级，他总觉得坐太高了和人打招呼有些不自在。然而，低了一级他还是不自在，便一级级地往下挪，挪到最低一级，他又觉得太低了，干脆就坐到门槛上去。但门槛是母亲的位置。农村里有这么个风俗，大庭广众之下，夫妇俩从不合坐一条板凳。

有一天，父亲挑了一担水回来，噔噔噔，很轻松地跨上了三级台阶，到第四级时，他的脚抬得很高，仿佛是在跨一道门槛，踩下去的时候像是被什么东西硌了一硌，他停顿了一下，才提后脚。那根很老的毛竹扁担受了震动，便"咯叽"地惨叫了一声，父亲身子一晃，水便泼了一些在台阶上。我连忙去抢父亲的担子，他却很粗暴地一把推开我：不要你凑热闹，我连一担水都挑不动么！我只好让在一边，看父亲把水挑进厨房里去。厨房里又传出一声扁担沉重的叫声，我和母亲都惊了惊，但我们都尽力保持平静。等父亲从厨房出来，他那张古铜色的脸很像一块青石板。父亲说他的腰闪了，要母亲为他治治。母亲懂土方，用根针放火上烧一烧，在父亲闪腰的部位刺九个洞，每个洞都刺出鲜红的血，然后用舀米的竹筒，点个火在筒内过一下，啪一声拍在那九个血孔上。第二天早晨，母亲拔下了那个竹筒，于是，从父亲的腰里流出好大一摊污黑的血。

这以后,我就不敢再让父亲挑水。挑水由我包了。父亲闲着没什么事可干又觉得很烦躁。以前他可以在青石台阶上坐几个小时,自那次腰闪了之后,他似乎失去了这个兴趣,也不愿找别人聊聊,他就很少跨出我们家的台阶。偶尔出去几趟,回来时,一副若有所失的模样。

我就陪父亲在门槛上休息一会儿,他那颗很倔的头颅埋在膝盖里半晌都没动,那极短的发,似刚收割过的茬,高低不齐,灰白而失去了生机。

好久之后,父亲又像问自己又像是问我:这人怎么了?

怎么了呢,父亲老了。

人们很少写父亲,特别是这样一位劳动者的父亲。父亲的感情不轻易表露,并且是很容易被忽略的,不像母亲。

文中的父亲是劳动了一辈子,也劳累了一辈子的父亲,可他从未言老,为的是撑起这个家,直至后来的自言自语中,我们才感受到父亲的那份无奈!

1.你能说出作品中的"我"是怀着怎样的感情去讲述父亲的故事的吗?当你读到最后一句"怎么了呢,父亲老了"时,心里有什么感受?

2.文中几处都提到台阶,你对台阶作何理解?

我是父亲的儿子

◆[美]埃文·多伯 雨 佳 编译

> 我突然醒悟:如果我到现在还在品味我对父亲的种种感觉,那么,在我还是个男孩的时候,父亲肯定也在反思他和他父亲的关系。

父亲看起来仍和我记忆中的一样:浓密的头发,修长的身材,黝黑的脸庞,锐利的目光。不同的是,他变得温柔而富有耐心了。在我小的时候,我从来不觉得父亲有耐心。我不知道我们究竟是谁发生了变化。

65

我和儿子马修刚飞到亚利桑那，拜访他 67 岁的爷爷。爷爷拿出吉他，试好音，准备为小男孩儿演奏。立刻，4 岁的马修兴奋得在沙发上跳起来，小手乱弹着吉他，嘴还不停地唱起来。

　　父亲和我曾争执不休，尤其是在我 10 多岁的时候。我像所有 10 多岁的男孩子一样富有叛逆精神。我喜欢在比赛中大喊大叫，结交古怪的朋友，穿奇装异服。而这一切只是为了向父亲证明我不是他。直到有一天，我幡然醒悟：我本来就不是我父亲，我根本无需为此证明什么。

　　当我是个小男孩时，父亲经常不在我们身边。他是送牛奶的，一星期要工作 7 天。虽然忙于工作，父亲仍是家里的"执法者"。我们的违纪行为被累积起来，到晚上由他来处理。只是他的处罚很少超过威胁性的责备或者生气地用手指敲敲我们的脑袋。

　　那时候我总有种想法：如果我要想获得男子汉的资格就必须勇敢地面对他，即使意味着挨拳头。一天，我和一些朋友把学校停车场的栅栏拆下来埋到木柴堆下，那是为篝火晚会准备的木柴。我觉得我们的恶作剧很有趣，于是向父亲提起了此事。但他不认为这事滑稽，并命令我和他一起去把栅栏挖出来。

　　我那时 16 岁，你能想像比这更让我感到羞辱的事吗？我拒绝了父亲，我们就这样近距离地面对面地僵持着。父亲怒气冲天，有一秒钟，我认为那个考验来临了。

　　但接着，父亲摇了摇头，冷静地走开了。第二天，朋友们告诉我，他们在篝火晚会上见到了我爸爸。他在成百上千的孩子们面前爬进木柴堆里，把栅栏拖了出来。他从未对我提起过这件事。至今都没有。

　　尽管我们父子间有过许多冲突，但我从未怀疑过父亲对我的爱。就是这份爱，支撑着我走过了人生中的一些极其艰难的岁月。回首往事，我总会看到一些温馨的画面：我们一起在沙发上看电视；黄昏时，我们在砾石路上散步；驾车回家时，我们一起唱《红河谷》……

　　他总爱那样微笑着看我，间接地对我说些表扬的话，让我知道他为我骄傲，并为我取得的成就感到欣慰。他有时也很笨拙地开开我的玩笑。在他的玩笑中，我感觉得到他伟大的、未说出口的父爱。长大后，我才懂得了这是大多数男人表达爱意而又不显得脆弱的方式。我也开始模仿他表达"我爱你"的方式，比如，我会告诉他他的鼻子太大了或者他的领带太丑了。

　　至今，我仍然清晰地记得星期天早晨我紧紧偎依在父亲身边的情景；我也记得在他强有力的手臂中打瞌睡时的温暖感觉。但我却一次也想不起父亲拥抱过我或吻过我或告诉过我他爱我。男人，甚至小男孩儿，也从不亲吻或拥抱，他们只是握手。

　　我读大学后，有许多次假期结束要返校时，我特别渴望拥抱父亲。可我的肌肉却不听从情感的支配，它们总是那么僵硬。结果，我拥抱了母亲，只和父亲握了握手。

　　"看一个男人并不是看他说什么，而是看他做什么。"他常常这么说。

　　我一直努力不去重复我认为是父亲做错了的事。马修和我常常拥抱和亲吻道别。我希望马修和我能够建造起一个贮藏室，把那些细小的快乐都贮藏起来，让它们帮我们度过将来可能出现的艰难时光。

　　只是在有了自己的儿子后，我才开始真正认真考虑父亲和儿子间的关系，并渐渐地理解了父亲。

　　如果男人对他们的父亲有什么共同的抱怨的话，那就是他们的父亲缺乏耐心。我记得在我大约6岁时的一个雨天，父亲正在给他的妈妈铺一个新的屋顶。那工作就是在晴天也很危险，更别说是阴雨天了。我很想帮忙，但他极不耐烦地拒绝了我。于是，我故意捣乱，结果被父亲打了屁股。那是我记得的惟一一次父亲打我。许多年后，父亲仍多次抿着嘴轻笑着说起那事，但我从来不明白那有什么可笑的。

　　只是到了现在，在马修坚持要帮我粉刷墙壁或者干其他危险的工作时，在我竭力让自己冷静、耐心的时候，我才终于能以父亲的眼光来看待我儿时发生的那件事了。谁会想到我竟然为那件小事生了我父亲30年的气呢？我的小儿子或许现在也在生我的气吧？

　　更让人惊异的是，我10多岁时曾深信自己一点儿也不像父亲，但随着时间的流逝，我渐渐地有了相反的结论。我发觉自己非常像他。我们有着同样的幽默感、同样固执的脾气，甚至说话的腔调也是一样的。

　　比如，我父亲接电话时总爱说"哈一啰"，他把第一个音发得重而长，而第二个音却短而急促。如果你现在给我打电话，你也会听到类似的"哈一啰"，每次我听见自己这么说时，都会觉得愉快。

　　我突然醒悟：如果我到现在还在品味我对父亲的种种感觉，那么，在我还是个男孩的时候，父亲肯定也在反思他和他父亲的关系。

　　父亲在把我养育成人的过程中不可避免地受着他父亲的影响。这样，我儿子不仅和我、我的父亲联系在了一起，同时也和我父亲的父亲有了联系。我想，第一个哈林顿父亲接起电话时，他的回答恐怕也是"哈一啰"吧！

　　几年前，有一段时间，由于一些太深奥或者太微不足道的原因，我和父亲相互间不再交谈，也不再见面。最后，我抛开了我的固执，并且意外地去拜访了他。我们在一起谈了两天,什么都谈,又好像什么也没谈。谁也不提我们已经有 5 年时间没见面的事。

离开时,我感觉和去之前一样沮丧。我感到我们要重归于好是不可能的了。两天后,我收到了父亲的信。那是他写给我的惟一的一封信。我是作家,他是送牛奶的。但他的信的语气和调子,还有它的简洁跟我的写作风格没什么两样。

"我知道如果我能从头再来的话,我会尽力多抽出一些时间和你度过。看起来,我们意识到这一点时已经太晚了。"

事实上,那一天,在我拜访他后,在他看着我走出门时——有那么一瞬间,我在想,我们之间没有希望了;而他则在告诉他自己,他应该让我停下来,坐下来,并好好谈谈。如果不那样,他可能再也见不到我了。"但我还是让你走了。"他写道。

我意识到,他的肌肉又一次没有听从他的情感的支配。

不久前,马修问我:"儿子长大后就和父亲一样了,对吗?"这可不是一般的问题,我在回答时也很小心我的措辞。"不,"我说,"从某种程度来说,儿子长大后会比较像他们的父亲,但却不会和父亲一样。他们肯定是他们自己。"然而,马修不会明白这其中的细微区别。

"儿子长大后就是和父亲一样!"他挑战似的对我说。"他们会的!"我不再争论。说实话,这让我感觉很好。

马修和我准备离开亚利桑那回家去了。走之前,我决心做一件我从未做过的事。在我和儿子走出门前,我倾斜身子,拥抱了父亲,并说:"我想要你知道我爱你,而且我一直都爱你!"

心灵体验

在父亲面前我充满了叛逆精神,但父亲让儿子在众人面前获得了男子汉的尊严,让儿子体味到了生活的温馨,支持儿子走过了人生的艰难岁月。儿子曾努力摆脱他的影子,最终却惊讶地发现,他和父亲竟如此一样。

父爱是一种男人之爱,深沉之爱。父爱像大山,头顶耸立着威严;父爱像冰河,心里流淌着真情。

放飞思维

1. 父亲这句"看一个男人并不是他说什么,而是看他做什么。"包含了怎样的心态与处世观?

2. "儿子长大后就是和父亲一样"体现了父子之间怎样的亲情?

真正的帮助

◆佚 名

> 你答应过我的：不论发生什么事你都会在我
> 身边，你做到了，爸爸！

　　一次 8.2 级的地震几乎铲平了美国的小石镇，在不到 4 分钟的短短时间里，3万多人因此丧生！

　　在一阵破坏与混乱之中，有位父亲将他的妻子安全地安置好了以后，跑到他儿子就读的学校，然而他迎面所见的，却是被夷为平地的校园。

　　看到这令人伤心的一幕，他想起了曾经对儿子做出的承诺："不论发生什么事，我都会在你身边……"至此，父亲热泪盈眶。面对看起来是如此绝望的瓦砾堆，父亲的脑中仍记着他对儿子的诺言。

　　他开始努力回想儿子每天早上上学的必经之路，终于记起儿子的教室应该就在那幢建筑物边上，他跑到那儿，开始在碎石瓦砾中挖掘搜寻儿子的下落。

　　当父亲正在挖掘时，其他悲伤的学生家长赶到现场，悲伤欲绝地叫着："我的儿子呀！""我的女儿呀！"有些好意的家长试着把这位父亲劝离现场，告诉他一切都太迟了！"无济于事的"、"算了吧"等等。

　　面对这种劝告，这位父亲只是一一回答他们："你们要帮助我吗？"然后继续进行挖掘工作，一瓦一砾地寻找他的儿子。

　　不久，消防队队长出现了，也试着把这位父亲劝走，对他说："火灾频传，处处随时可能发生爆炸，你留在这里太危险了，这边的事我们会处理，你快点回家吧！"

　　而父亲却仍然回答着："你们要帮助我吗？"

　　警察也赶到现场，同样让父亲离开。这位父亲依旧回答："你们要帮助我吗？"然而，没有一个人帮助他。

　　只为了要知道亲爱的儿子是生是死，父亲独自一人鼓起勇气，继续进行他的工作。

　　时间一分一秒地流逝，挖掘的工作持续了 38 小时之后，父亲推开了块大石头，听到了儿子的声音。父亲尖叫着："阿曼！"他听到回音："爸爸吗？是我，爸爸，我告诉其他的小朋友说，如果你活着，你会来救我。如果我获救时，他们也获救了。你答应过我的：不论发生什么事你都会在我身边，你做到了，爸爸！"

69

"你那里的情况怎样?"父亲问。

"我们有 33 个人,其中只有 14 个活着。爸爸,我们好害怕,又渴又饿,谢天谢地,你在这儿。教室倒塌时,刚好形成一个三角形的洞,救了我们。"

"快出来吧!儿子!"

"不,爸爸,让其他小朋友先出去吧!因为我知道你会接我的!不管发生什么事,我知道你都会在我身边!"

如果你自己都觉着没希望了,谁还能给你希望呢?不到最后,坚决不要放弃任何一丝哪怕是极其微小的希望。坚定地循着自己的希望出发,直到尽力实现这个希望。

1.你对文中的父子之间的郑重承诺作何理解?

2.读完此文后,你对心灵感应又有怎样的诠释?

　　爱，其实就这么简单而平常。爱不是海誓山盟，也非甜言蜜语。爱如早晨的阳光温暖又和煦；爱如茉莉花香，你唤不到清香，却芬芳满怀！爱就发生在我们身边的每一件事，包容了浓浓的亲情，也许是一句平常的话因爱而升华。

一辈子为你加油

　　只要你想到这是在帮你的爱人做的,你就不会再在意这些事有多么的琐碎或是麻烦,因为你这么做完全是因为爱啊!

母　亲

◆丁立峰

> 笑的波在脸上凝住，抬眼望去，意外地发现，
> 母亲的发，不知何时，已全部白了。

　　3岁时，我得了肺炎。整日整夜地哭闹。母亲就一直把我抱在怀里，连打点滴的时候也不放下。吃饭时，父亲换母亲抱我，让母亲吃饭。母亲的手，抖索半天，也不能把筷子拿起。她的双臂因抱我太久，早已失了知觉。

　　10岁时，我出痧子，病情很重。母亲七天七夜没合眼，守着我，为我掖着被。我病好后，母亲病倒了。而和我一同发病的我的同桌，那个喜欢抱着大南瓜烂漫地笑着的小女孩，却死了。据说是因为喝了生水。夜里她口渴极了，趁大人们不备，自己起床到水缸里舀了生水喝。13岁时，我染上黄疸肝炎。大雪的夜里，躺在床上一个劲儿地说胡话，向母亲要桃吃。父亲当时在外地，母亲一个人，慌张得直掉泪。搂紧我，认定我是中了邪。最后不顾祖母的阻挠，紧紧头上的方巾，一头没到门外的风雪里——给我掐命去了。在离我家6公里外，住着一个算命瞎子。

　　下半夜，母亲回来，身上发上眉毛上全沾一层白露，是雪的痕迹。冻得直打颤的手，却从贴身棉袄内取出一道符来，就看到母亲眼睛里有亮亮的光芒跳过，像暗夜里一点萤火。母亲悄声对祖母说，算命瞎子说，梅丫头是撞了野鬼了，烧掉这道符，梅丫头的病就好了。

　　但我的病却没见好，反而加重了。门外的风雪也应和了我的病情似的，越发地猛烈起来，漫天漫地的。母亲再也沉不住气了，决定送我去医院。医院离我家有30多里路，所有的道路和桥梁都被积雪掩了。母亲硬是用拖车，一步一滑地把我拖了去，其间，母亲不知摔了多少的跟头。多年以后，母亲的额角处还隐约可见一道淡紫的疤痕，是磕在拖车上留下的。

　　读高中时，路远，我离家住校。一日，脚上生一脓疮，肿很高了，行走困难。母亲在家不知怎的得了消息，次日一大早，我还在宿舍的床上躺着，母亲就到了，母亲从家里往我学校赶，足足走了4个小时的路。

　　去外地念大学，在陌生的城市，举目无亲，特别地想家，就写了信告诉母亲，接了信后，立即坐了长长的车，一个人摸到大学里去看我。一宿舍的同学围着母亲说话，母亲听不懂，局促着，突然打开布包，倾囊倒出从家里带来的土特产，请我的同学吃。

恋爱时,感情受挫,一个人躲在房内哭。半夜里起床,去外面走。却听到身后的门响,是母亲。母亲把一件衣披到我身上,缄默半晌,轻轻说,夜里露水重,早点儿回房睡吧。

后来,有了小家,与母亲远了去,一年里难得回几次家,母亲也就渐渐地淡出了我的视野。但母亲的记挂却常常不期而至,是千叮万嘱着的,如路上开车要小心啦,两个人要和和美美过日子啦。那日,连续上完四节课,累极。突然接到母亲的电话,这才想起,由于忙,我已近两个星期未打电话回家了。才轻轻一句,母亲立即在那头敏感地询问,你喉咙怎么了?怎么有点哑了?

因为太疲惫,不耐烦对她细说,所以随口道,大概是感冒了吧。

第二天我和老公下班回家,却意外地发现母亲来了。母亲看到有说有笑的我们,提了一夜的心终于落下。母亲说,昨天听你的口气,还以为你们两口子吵架了,你的嗓子哑了不像感冒的,所以不放心来看看。母亲呵呵乐。

笑的波在脸上凝住,抬眼望去,意外地发现,母亲的发,不知何时,已全部白了。

从3岁起就生病的我一直是小病不断。病在我身,疼在妈妈的心里!以致我成家以后还在妈妈的牵挂中。蓦然回首,才发现妈妈的头发全白了。

1. 母亲的额角处还隐约可见一道淡紫的疤痕,此处隐喻着什么?
2. 和我同桌的烂漫笑容的小孩的不幸命运,喻示着什么?

幸福的秘诀

◆李中声

放风筝讲究张弛有度,同时又是需要技术的,握着那条爱的绳索,在张弛之间把握住幸福,这样的妙处只有聪明的女人能体会。

晓丽是幸福的。丈夫很爱她,并且很能干。

丈夫原是名公务员,前几年下海做生意,许是官场上多年历练的缘故,在商海里如鱼得水,不出几年就混成了"款"。

作为"大款"的妻子，晓丽完全可以养尊处优，但她一直没有放弃自己心爱的教师职业，并且还当着一个班的班主任，同时还要照顾8岁多的儿子，那个辛苦自不必说。

当老师一个月工资不过1000块钱，还不够丈夫一顿饭。不少人都劝晓丽，干脆辞职别干了，一心一意相夫教子，多花点儿心思拴住丈夫的心吧，虽说丈夫目前很忠诚，可说不准以后会花心。也是的，有钱的男人总让人放心不下。

晓丽总是一笑置之。

她有自己的道理。女人放弃自己的事业，那还不等于放弃了自我！再说了，和丈夫从同学到夫妻，彼此都很了解，感情也经受了考验，她相信他。当然更重要的，她对自己有信心，她有能力做好老师、母亲和妻子。

有信心的女人是从容的。晓丽每天按自己的节奏生活着，照顾好儿子，教导好学生。丈夫呢，因为要忙生意，天南海北地跑，今天在广东，可能明天就去了上海，有时，一个月也难得回来两次。

晓丽总是那么不露声色，极少埋怨丈夫的忙碌，相反，她十分体贴丈夫。男人干事业太辛苦，她经常提醒他，要注意保重身体。顺风顺水时劝丈夫保持清醒，遭遇挫折时给丈夫鼓励。

丈夫在家里，一家人说说话看看电视，丈夫出门在外，她和儿子就常给他打电话，或者给他发电子邮件。丈夫随身带着手机和手提电脑，随时都知道家里有妻子和儿子在牵挂着自己。

周围的女人不是埋怨丈夫太窝囊，就是抱怨丈夫太花心，而晓丽这边风景独好，丈夫越来越能挣钱，但他依然一往情深，他总是尽可能地去多陪一陪老婆和儿子。

找了一个又有钱又有情的男人，晓丽的幸福让人羡慕。有一次，我打趣着问她的相夫秘诀。她笑着说，哪有什么秘诀，只不过把爱攥在手心。

她打了一个比喻，男人就如风筝，在天上飞来飞去，可风筝的那头连着一个家。作为妻子，就是要懂得及时松手，让风筝能高高飞翔；又要懂得及时收紧，让风筝不至于失去控制。

放风筝讲究张弛有度，同时又是需要技术的，握着那条爱的绳索，在张弛之间把握住幸福，这样的妙处只有聪明的女人能体会。

晓丽正是这样一个聪明的女人。

心灵体验

夫妻之间流淌着爱，缘于有他们共同营造的家。正如文中的比喻，男人如风筝，在天上飞来飞去，风筝的另一头连着一个家。而中间就是一条爱的绳索。

75

手·掌·上·的·阳·光

navigation
1.把男人比喻成风筝有什么含义？
2.文中把晓丽说成是聪明的女人,其"聪明"何在?

一天足够了

◆阿 虎

如果彼此爱着,哪怕一天,生命的最后一天,
你也可以拥有对方的一切。

年近七旬的老先生要续弦,对方是同样高龄的一位老太太。

儿女们一致反对:"您都这么大岁数了,还有什么意思? 她不过是看上了您的存折,您的退休金,您的房子,您叫我们当儿女的多尴尬……"

老先生拍案而起:"我爱她!"

儿女们惊呆了,想不到这样的话从一个须发斑白的老人嘴里说出来。

老先生留下所有的存折,离开了大房子,和老太太住在了一起。

每天傍晚,人们都可以看到两个老人互相搀扶着在夕阳下散步,晚霞把他们的脸映得红红的。

半年后,老先生中风,瘫痪在床上。儿女们来看望,看见老太太坐在床头紧握着老先生的手,老先生不能说话,只是手指微微动着,抚摸着老太太枯干的手背,目光暖暖的。

人们很少再见到老太太出门,往往只能在早上的市场上看见她买很多很贵的菜。

老太太每天给老先生读书,念报纸,喂饭,擦洗身子,换洗衣服……她找来许多大镜子,从窗口摆到床头,和老先生一起看折射进来的风景。房间里还经常传出美妙的音乐声。

医生曾经说,像老先生这样的病情,这样的年龄,能再活上一年就不错了,可老先生一直活了5年。

老先生去世后,他的儿女们感激老太太对父亲的悉心照顾,送来两万元钱。老太太拒绝了:"你们的父亲已经给了我很多……"

儿女们心里一惊,暗想:"难道父亲还有什么私藏?"

老太太笑了,望着窗外鲜红的落日,说:"你们的父亲给了我爱,这是多少金钱都换不来的。"

儿女们汗颜："可你们真正在一起的时间不过半年……"

"傻孩子,如果彼此爱着,哪怕一天,生命的最后一天,你也可以拥有对方的一切。"

"夕阳无限好,只是近黄昏"格调似乎有点悲观。然而,读罢此文,老先生老太太之间的那份情,那份爱令我们汗颜。只要彼此爱着,哪怕只有一天,足矣!

1.老先生的续弦计划遭到儿女的反对,反应了儿女什么样的心态?

2.老太太为什么没有收下老先生的儿女给的钱?

爱,有时很简单

◆吴小毛

当她急急忙忙穿上衣服冲进厨房时,愣住了——丈夫正端着一碗她平时最爱吃的面片汤往外走……

爱,有时很简单。一所小学的校门口,纷纷落下的雨雪中,接孩子的家长们冻得一个劲儿地搓手跺脚,几位骑三轮车来接孩子的爷爷头发上眉毛上都挂满了雪花。终于,孩子们放学了,盼望已久的爷爷们赶忙把自己的孙子或孙女抱上三轮车,急慌慌地脱下自己的棉大衣给孩子裹上,蹬上车一溜烟地消失在茫茫的大雪中……

爱,有时很简单。一个下岗职工家里,因是孙子的生日,今晚餐桌上百年不遇地多了一盘油焖大虾。看着金灿灿、油汪汪的大虾,孙子的眼睛里露出了欣喜的目光。爸爸装着没瞧见,给爷爷、奶奶各夹了一只最大的,可是,奶奶忙夹起自己碗中的大虾放到了孙子的碗里,说:"大虾不好消化,我这只就让孙子帮忙消灭了吧。"孙子赶忙又夹起来放回到奶奶的碗里:"咱家一年只吃一次大虾,奶奶要是不吃,我也不吃!"就这样让来让去,最后每个人的碗里都有了一只又红又亮的大虾。这顿普通人家不普通的饭,给这家人带来的是那么浓浓的温情……

爱，有时很简单。一天清晨，妻子像往常一样第一个起了床，一阵风似的为丈夫、儿子准备好了早餐。跟昨天的汤面、前天的小米粥不一样，今天是"洋餐"——汉堡包、牛奶。可是有一天，妻子晚上身体不舒服，等第二天一睁开眼——糟糕，过了做早餐的时间了！当她急急忙忙穿上衣服冲进厨房时，愣住了——丈夫正端着一碗她平时最爱吃的面片汤往外走，猛然看见她忙收住脚，嗫嚅道："今天闹铃没响，想让你多睡一会儿。我就先起了，不知这面片汤做得合不合你的口味……"

爱，有时就这么简单。

心灵体验　　爱，不是海誓山盟，甜言蜜语，而是体现在生活的点滴之中。奶奶、爷爷、孙子碗中的大虾，包含了浓浓的亲情，一句简单的话，一件平常的事却因爱而升华。

放飞思维　　1. 爷爷们脱下自己的棉大衣给孙子裹上时，他们自己就不冷吗？为什么？

　　2. 妻子身体不舒服，而第二天闹钟就没响，果真这么凑巧？

红烧鲤鱼

◆付体昌

> 后来我们分手了，我没有半点遗憾。我固执地认为不懂得这个故事的人没有资格谈论爱情。

长这么大吃了很多鱼，淡水的、海水的，清炖的、红烧的还有最近两年北方很时髦的水煮鱼、酸菜鱼，各种美味吃遍却仍然有一种不满足感，大概是15年前那条鱼的滋味已经浸透了我的生命。

第一天别人送了一条大鲤鱼，好大足足6斤重，妈妈把它放在大铁盆里，倒满水还露出个脊背，妈妈说先养着，等爸爸回来炖了吃。我和弟妹盼着爸爸快点从镇上回来。

第二天大鱼有点儿蔫了，不像昨天那么活蹦乱跳，用手摸也懒得动。那天我们给大鱼换了四次水，可它总是提不起精神。

第三天早晨弟弟跑过来说大鱼死了，我们今天能吃到妈妈做的红烧鲤鱼了，我们都很兴奋。妈妈把鱼杀了洗得很干净，放在盘子里。我跟弟弟跑到村口等了三次没看见爸爸的"大金鹿"。晚上看见鱼的身上撒满了盐。

第四天妈妈闻了闻鱼的味道，把鱼埋进了盐袋子里。

第五天妈妈让到镇上办事儿的邻居给爸爸捎了个信儿，说家里有事儿回来趟。邻居回来说爸爸那里很忙，办公室前拿着棉花发票兑换柴油化肥的人排成长队。

第六天妈妈把鱼从盐袋子里拿出来，拍掉身上的盐巴从鱼嘴穿了根线挂在铁丝上，鱼肚子用小木棍撑开。妈妈说晒干了，就不坏了。

第七天夜里院子里"扑通"一声，起来一看是小狗跳起来想叼鱼，弄倒了顶铁丝的扁担。妈妈把鱼拿进了屋子。

第八天妈妈又把鱼挂在了外头，我们对鱼彻底失望了。

第九天村委的人到我们家收缴集资提留款，末了不走想在我家蹭饭。妈妈让我悄悄地把那条鱼移到看不见的铁囤后头。

第十天晚上门外响起了爸爸"大金鹿"熟悉的铃铛声，我们三个一溜小跑去开门。弟弟喊着吃鱼喽。

当妈妈提着鱼走到厨房时我们听见传来激烈的争吵声，"早该给孩子们吃了！非等我干什么！"爸爸在训斥着妈妈，妈妈只低头往灶里添柴，眼角湿湿的。

原来鱼已经坏了，里边生了好多小蛆。爸爸在压水井旁的黄瓜架下挖了一个小坑把鱼埋了。妈妈那天晚上一直在念叨，埋在盐里不应该坏呀，爸爸不做声了。

第二天爸爸从集市上买回一条大鲤鱼，妈妈给我们做了红烧鲤鱼。

那年夏天那棵黄瓜秧特别旺结出的黄瓜又大又脆。

当我20多岁谈恋爱的时候把这个故事讲给女友听，她用城里人特有的傲慢说"不就是一条烂鱼么……"我知道那时候他们家里已经小康了。

后来我们分手了，我没有半点儿遗憾。我固执地认为不懂得这个故事的人没有资格谈论爱情。

15年前是物质匮乏的年代。一条大鲤鱼从第一天被送来，在这家一共经历了10天！孩子们经历了从盼望到彻底失望的心情变化过程，更体现了妻子等待丈夫的焦急心情，之中渗透了多少爱啊！

1.文中时间的描写，从第一天，第二天直到第十天，有什么用意？

2.作者为什么固执地认为不懂得这个故事的人没有资格谈论爱情？

爱

◆丁立梅

> 一件耀眼的米黄的衣服，如果没有爱意，也许
> 俗不可耐，但有了爱，一切就都不一样了。

在母亲60岁生日那天，父亲特地赶了30多里路去了一趟街，给母亲买回一件新衣裳。新衣裳尺码过大了些，且颜色也俗——父亲是个穿着极不讲究的人，他的衣服，都是母亲帮着买的，所以，他挑衣服的眼光，就很有限了。母亲却欢天喜地地接了去，脸上现出少女般羞涩的红润，唇边的皱纹，花瓣一样舒展开来。孩子似的，迫不及待把父亲送的新衣裳换上。

我们于是都看到一个事实——父亲买的衣服，与母亲极不相配。纤瘦的母亲，裹在那件大大的衣里，显得矮小了很多。还有那颜色，是极其耀眼的米黄，母亲的肤色，在天长日久的风吹日晒之下，已成黝黑。米黄的色彩，衬得母亲的肤色，越发地黑了。

母亲却喜滋滋在穿衣镜前转个不停，一边拿眼瞟父亲，问，好看吗？父亲看半天，用手搔头，有些沮丧地说，尺码大了。母亲忙低下头看衣，说，哪里大了？然后抬头，冲父亲笑，说，不大不大，正好的，这样穿着才不拘束。语气里荡漾的竟都是欢喜。怕父亲不信，母亲又伸直手臂，做了一个展翅欲飞的动作，以证明那件衣服，她穿着的确是很宽松很舒服。父亲起初还忐忑着，怕母亲不满意。待看到母亲如此心满意足，他也就高兴起来，觉得自己做了一件很有意义的事，吃饭时，还因此多喝了两杯酒。

这以后，大凡遇到母亲认为的重大场合，譬如家里来许多客人了，譬如走亲戚，母亲必把父亲买给她的那件衣服隆重地穿上——出场。其实，母亲的衣橱里，不是没有漂亮的新衣裳，我和姐姐常给她买，母亲随便穿上一件，都比父亲买的那件强，但母亲硬是不穿。一次，我实在忍不住了，背着父亲，悄悄跟母亲商量说，换一件吧，这件不好看。母亲笑，低下头抚衣，说，这是你爸送我的呢。

遂照旧穿了它，傍了父亲，从容淡定地走。

一件耀眼的米黄的衣服，如果没有爱意，也许俗不可耐，但有了爱，一切就都不一样了。感动，是在那一刻充盈于心的，一辈子没说过爱的母亲，却把爱诠释得如此简单明了。只因为那是父亲买的衣，再不合适，她也能穿出幸福来。

一件普通得不能再普通的衣服，只因为是丈夫为她买的，穿在身上的感觉就是不一样。是的，如果没有爱意，这件衣服也许俗不可耐，但有了爱，一切就都不一样了。一辈子都没说过爱的母亲，把爱却诠释得简单明了。

1. 文章为突出父亲不会买衣服作了哪些铺垫？
2. 母亲是怎样诠释爱的？

爱 的 能 力

◆罗 西

有人要用一个世界赌爱情，有人则只要爱着，
便拥有一个世界。

邻近有个敬老院，每次带小儿子到那里晒太阳时，总会看见那对老夫妻也坐在花圃旁闲聊。

他们没有子女，听说，老太太曾患有一种病，如果怀孕，会有生命危险。老先生是"三代单传"，但为了"长相守"，他怎么也不肯让自己的爱人去冒生命危险。每次看见他们抚摸我儿子的小脸时，我都特别感动，因为他们还会交换心得：比如怎么哄，孩子才会乖下来……然后兴趣盎然地争论，然后笑得前仰后合。简单的生活，常会被他们弄得丰富多彩。

不过，今天，我听见他们争论的话题，是关于谁可能会先走一步。这是一个伤感的话题，我有点不忍心听下去。但他们的脸上仍然洋溢着宁静的光辉，只听老先生在说："如果我比你先死，你准备怎么过？"老太太看着远处的一棵树悠悠地道："我要找个姑娘或守寡的单身妇女合住，我需要别人的活力感染我，我不会悲悲切切过日子。"

老太太接着问丈夫："我要是先死呢？你怎么过？"老先生笑着，顽皮地回答："跟你的想法完全一样！"

我还见过这么一对苦中作乐的夫妻，他们来自河南偏僻农村，不远千里来到福州专门收购旧电器、纸箱什么的。他们经常拉着板车，招摇过市，因为没"生意"，

车上没货，那位长相英俊的丈夫，就会让满脸雀斑的妻子与活蹦乱跳的儿子坐在板车上，每每这时，那位健壮的北方汉子总是回头深情地看一下车上的母子俩，然后再鼓足劲有韵味地大声吆喝："收购旧电视、旧沙发……谁有酒瓶、报纸……"而他的妻子就像听丈夫唱"我的太阳"一样崇拜地望着他的背影。他们是在为生计奔波，但我怎么看，总觉得他们是在坐花车游行，并且享受一种逍遥的浪漫。

如果换了我在拉板车，我的脸一定很臭。我的心一定压抑，然后骂咧咧回头瞪愁眉苦脸的妻子："去去去，我正烦着跟着我干什么，回去准备午饭……"我突然产生一种敬仰之情。他们值得我尊敬，而不是同情。

或许，爱，真的是一种能力。有人要借许多外力与条件，才可以经营自己惨淡的情感生活；有人则不同，只要两个人，两颗心，彼此映照依偎，你亮，我也亮，你热，我也热……有人要用一个世界赌爱情，有人则只要爱着，便拥有一个世界。

作者为我们描绘了两幅灵动的画面和一幅虚拟的画面，两者有着截然相反的心情。是的，两颗心，彼此映照依偎，你亮我也亮，你热我也热，这就是爱的能力。

1. 老太太和老先生哪个愿意先死？为什么？

2. "有人要用一个世界赌爱情，有人则只要爱着，便拥有一个世界"是什么意思？

爱，让生命延伸

◆吴光亚

直到现在，每次想到有个生命因为我而存在，流着和我一模一样的血，我就很开心，觉得自己是世界上最幸福的人。

我听说白血病可以用骨髓移植的方式治疗还是在 1999 年 5 月，说有个患白血病的男孩终于等到一个和他骨髓相匹配的人，但那个人在最后的时刻却改变了主意……等我看到这篇报道的时候，男孩已去了另一个世界。我不知道那个人心里有没有难过，如果没有勇气坚持到最后一刻，那他当初为什么去做？他怎么可以眼睁睁看着一个和自己有关的生命一点点离去而无动于衷呢?于是,我告诉自己,如果我遇到这样的事,我一定不会像那个人一样。

经过咨询和报名登记,1999年9月19日,我成为上海骨髓库第9000名志愿者。2000年年底,上海骨髓库的一封信寄到我家,说有个17岁男孩的骨髓和我的前三项指标匹配,要我做进一步检验。当时,我的心跳得好快,上天竟然真的给了我一次机会。

当我去再次检验的时候,医生告诉我,共有5个人匹配,只来了3个人,另外两人没有了音讯,而已检验完的那两人都没有完全配上。我的心很乱,只剩我一个人了,心底有个声音在不停地说:"我是他的希望,惟一的希望!"焦急地等待了几天后,医院通知我,我们完全相配。我心底的一块石头终于落了地。

住院的日子被定下来。2001年2月26日,我进入病房打下了第一针,打的这种促生长因子是为了刺激造血干细胞大量产生并释放到外周血液的(一共打5天,1天1针),然后对血液进行体外分离,提取出其中的造血干细胞再输给患者。一般情况下,只需要分离一次就可以了,但也可能会有特殊情况,比如我。

从我开始打第一针时情况就不妙。一直到第四天,需要的造血干细胞并没有按计划成倍地生长出来。医生说我是个特例,所以临时决定提前一天进行分离提取。因为如果不够的话,在时间上还能争取第二次分离。

这样,3月1日下午,在我没有任何心理准备的情况下,进行了第一次分离。那一夜,大家都焦急地等待结果,只有我睡得最安心。因为所有人都知道,如果提取出来的造血干细胞量不够,第二天必须再来一次。而且如果再不够的话,那就意味着手术失败,那个男孩就会死去。但是,所有这些任何人都没有告诉我,因为他们想让我睡个好觉。

3月2日早晨,当看到护士长端着打针盘子又进来的时候,我明白了。于是,振作精神,朝大家笑笑,继续打针抽血……窗外是焦急等待我的亲人和那个孩子的亲人。

进行了一半时,进来一位高个子的男孩。他很健谈,在陪我聊天中不知不觉时间过得很快。后来,医生告诉我,他也曾是个白血病患者,脾气特别坏,生气时拒绝一切药物,还打医生和护士。但那天,他很会关心人,看到我有痛苦表情时,就马上问我,是不是哪里痛。也许人在经历过了生死瞬间后,都会改变很多,会更加珍惜自己的生命,也会更加珍惜和别人相处的日子。

造物主竟会安排得如此之巧,第二次手术做完时,时钟刚刚过了零点。3月3日,是我的生日。我在心里暗暗祈祷,希望我的吉祥日可以给他带来好运。这个生日,我惟一的心愿是:"希望我的生日,也可以成为他的生日。"还得等待,等待化验结果出来，因为最多只能做两次分离，如果这一次再不够……我简直不敢想像，真的好害怕。大概凌晨两点，门开了，男孩的父亲按捺不住内心的喜悦，几乎是冲到我面前："够了，完全够了……"我哭了，这么多天我一直没有哭过，可是那一刻我却哭了。我真的太开心了，因为我，那个男孩可以获得再一次的生命。

早晨6点，我偷偷跑到无菌病房外。隔着窗户，我第一次看到了他——那个17岁的男孩。护士告诉我，从我的血液里提取的造血干细胞全部输给他了，现在他刚睡着。我只看到他宽宽的背影，他睡得很安静。

在住院的一个月里，所有人都对我付出了极大的关爱，无论是亲人还是朋友，甚至是不相识的人。记得那天，一个素不相识的阿姨激动地拉着我的手，说了好多话，眼角一直湿润着。因为她说的是方言，我没听懂。后来，我才知道她的儿子就在医院的另两个病房里，还没找到合适的配型。虽然我没听懂她说什么，但是我知道，她在替无菌舱里的那个男孩高兴，替他的家人高兴。"那段日子，爱包围着我，令我快乐、令我感动，我像公主一样享受着这一切。"我时常问自己：怎么可以得到这么多的爱？是谁给了我这样一个体验幸福的机会呢？

直到现在，每次想到有个生命因为我而存在，流着和我一模一样的血，我就很开心，觉得自己是世界上最幸福的人。我相信，很多人不是没有爱心，而是不知道用何种方式表达。所以我想告诉那些有爱心的人，如果你可以忍受打针的疼痛，相信你一定可以忍受骨髓捐献的疼痛。相比于能救助他人生命的快乐，这点痛苦是微不足道的。只要一点点勇气和努力，你就可以挽救一个人的生命、一个家庭的幸福。

在此，我祈愿会有更多的人勇敢一点儿，迈出那小小的一步。

生命对每一个人只有一次，可对这位17岁的男孩来说应该是两次！因为爱，才会这样无私，才会如此坦然，才会被爱，才会体验幸福！

1.文中"是谁给了我这样一个体验幸福的机会呢？"的答案是什么？

2."我祈愿会有更多的人勇敢一点儿，迈出那小小的一步。"你对"小小的一步"作何理解？

一辈子为你加油

◆［美］玛格丽特·缪尔　蒹葭　译

只要你想到这是在帮你的爱人做的,你就不
会再在意这些事有多么得琐碎或是麻烦,因为你
这么做完全是因为爱啊!

　　我们一家人聚在一起说说笑笑,温暖的炉火,闪烁的圣诞节彩灯。妈妈突然说:"你们有谁想……"她的话还没说完,房间立刻就空荡荡的,只剩下我和男友托德了。男友一脸迷惑地问我刚才发生了什么事。我说:"他们都去为妈妈的汽车加油了。"

　　托德惊叫起来:"现在?外面天寒地冻的,已经是夜里 11 点 30 分了啊!"

　　看着他惊讶的表情,我笑着说:"是的,就现在。"

　　来到妈妈的汽车旁,我们三下五除二地刮掉汽车挡风玻璃上的霜冻,迫不及待地钻进汽车里。在前往加油站的路上,托德好奇地问我,这么晚了,我们还要去给妈妈的汽车加油,究竟是为什么呢?

　　"每次我们回家过节的时候,我们都要替爸爸为妈妈的汽车加油。"

　　看着他狐疑的样子,我笑着说:"我妈妈有 20 年自己没加过油了。这 20 年来,一直都是爸爸帮她加油。"我耐心地向他解释道,"记得在我大学二年级那年回家度假的时候,我自认为已经长大,已经无所不知了,尤其是关于女权和女性独立自主方面。有天晚上,我和妈妈正在包礼物,我对妈妈说,将来我结婚以后,一定要让我的丈夫帮着做家务。接着,我问妈妈是否对整日洗熨衣物、刷锅洗碗感到厌倦,她却平静地对我说她从来都没有感到麻烦。这简直令人难以置信。于是,我开始向她大谈特谈两性平等。"

　　"妈妈耐心地听着我高谈阔论。末了,她注视着我的眼睛说:'亲爱的,将来你会明白的。在我们的婚姻生活中,总有些事情是你喜欢做的,有些是你不喜欢做的。因此,夫妻二人一定要在一起互相交流,互相协商,看看有哪些事情是你愿意为对方做的,有哪些事情是需要二人共同做的。此外,夫妻二人要共同分担责任。我真的从来都没有在意过每天做洗熨衣物等家务事。当然,做这些琐事确实花了我不少时间,但是,这是为你爸爸做的。反过来说,我不喜欢去给汽车加油,那种难闻的味道着实让我难受,而且我也不喜欢站在寒冷的车外等着加好油。所以,总是你爸爸去为我的汽车加油。还有,你爸爸负责日常到杂货店买东西,我负责做饭;

你爸爸负责割草,而我就负责清理。在婚姻生活中,是不需要计分卡的。夫妻二人各自为对方做了一些力所能及的事可以让彼此的生活更加舒适,更加从容。只要你想到这是在帮你的爱人做的,你就不会再在意这些事有多么得琐碎或是麻烦,因为你这么做完全是因为爱啊!'"

"这么多年来,我一直都在思考妈妈说过的那些话,我喜欢妈妈和爸爸的这种互相关怀、互相照顾的方法。你知道吗?托德,将来我结婚以后,我也不想在夫妻之间有计分卡。"

在回家的路上,托德显得异乎寻常安静。当我们回到家的时候,托德熄灭了发动机,转过身,抓住我的双手,深情地看着我,他的脸上洋溢着温柔的笑容,眼睛里闪烁着激动的光彩。"只要你愿意,"他温柔地说,"我愿意一辈子为你加油!"

夫妻二人各自为对方做一些力所能及的事时,可以让彼此的生活更加舒适、从容。只要你想到是在为爱人做的,也就不会在意这些事有多么琐碎或麻烦,因为这就是爱啊!

1.爸爸替妈妈加油20年都没有怨言,仅仅是因为妈妈闻不得汽油味吗?

2.女儿一直都在思考妈妈说过的话,她悟出了什么?

母 与 女

◆ 梁晓声

上帝被母女二人的相互理解感动了。于是上帝使那个将要介入她们命运的男人的心肠变得更好,性情也变得更好。

在2000年正月十五那一天,母亲很晚才回到家里。女儿竟还没吃晚饭。母亲说她也没吃。母亲带回了一盒元宵。母亲说完就煮元宵去了。

一会儿,母亲煮好了元宵,盛在两只碗里,女儿一碗,自己一碗。

女儿呆呆地望着碗,不动筷子。

母亲就很奇怪,拿起筷子,困惑地问:"女儿呀,你不饿吗?"

女儿低声说了一个字："饿。"

"既然饿，为什么看着不吃？不爱吃？"

"我记得你是爱吃元宵的啊。"

"妈妈，我怕。"

"怕？"——母亲更奇怪了，"怕什么？"

"怕你在元宵里下了毒……"

女儿抬起头，目光定定地望着母亲，眼中已噙满了泪。

"你这是说的什么话？"

"妈妈，你把筷子放下吧！我不想死，我也不愿你死……"

"可我……"

"可我觉得你肯定在元宵里放了毒……"

女儿的眼泪，吧嗒吧嗒掉在桌上，掉在碗里。

母亲缓缓放下了筷子，表情一时变得异常严肃。她也目光定定地望着女儿问："女儿，你今天究竟是怎么了？你头脑里为什么会产生如此荒唐的想法？"

"妈妈，我今天听来家里玩的同学讲，别的中学里有一名女生，和我一样爸爸也死了，妈妈下岗了。下岗的妈妈就买了一盒元宵，煮时下了毒，结果她自己和她的女儿吃了后，都死了……妈妈我知道你也下岗了。只不过你一直装出每天都去上班了的样子……妈妈我真的很怕死，也不愿你死……"

女儿说罢，女儿就哭起来了。

而母亲，则起身走到了女儿身旁；女儿扑在母亲怀里，双手紧紧搂抱住母亲。

母亲抚摸着女儿的头，用特别温柔的语调说："好女儿呀，妈妈有多么爱你，你是知道的。妈妈怎么会忍心毒死你呢？妈妈才40多岁，小时候挨过饿，十六七岁下乡，整整10年后才返城，结婚了仍没有属于自己的房子，你10岁时我们终于有了房子，你爸爸又病了多年……妈妈的命虽苦，可妈妈珍惜自己的命，才不愿死呢！……"

母亲也流泪了。眼泪掉在女儿脸上、手上……

母亲又说："好女儿呀，不错，妈妈是下岗了，妈妈是一直在瞒着你这件事。妈妈每天早出晚归，就是去找工作的呀。"

"找到了吗，妈妈？"

"暂时还没有。"

"那，我们以后可怎么办呢？"

"这是妈妈应该考虑的。是你不必发愁的。你替妈妈发愁也没用。你同学对你讲的事，也许是真的，也许是假的。即使是真的，那个母亲的做法也是罪过呀，妈妈才不会那样呢!"

"妈妈,我错了,我不该胡乱瞎猜疑你。可……可我们以后究竟该怎么办呢?"

"女儿,你先放开妈妈……"

女儿放开了母亲,母亲就又回到桌子那一边坐下去了。女儿仍像刚才那样目光定定地望着母亲,但眼中已充满了信任。

母亲慢言细语地说:"好女儿呀,如果我们要鼓起勇气生存下去,那么,你就得和妈妈共同接受另一种现实。"

女儿说:"妈妈呀,不管那另一种现实是什么样的,我都有勇气和你共同面对它。"

"其实那另一种现实无论对我还是对你,都并不多么可怕。"

"妈妈,你就说吧。我做好种种心理准备了!"

"我们住的这个两室的单元房,你爸爸活着时我们不是已经买下了吗,首先,我们将把它卖了。而且妈妈已找到了买主。那么,我们就有十几万元钱了……"

"可……我们住哪儿呢?"

"我们将用一半的钱买一处一居室。所以你以后不可能再有属于自己的房间了,你同意吗?"

"这……我听妈妈的。"

"在那一间房子里,我们要摆一张双人的大床……"

"我高兴和妈妈睡在一张床上……"

"双人床上还要想办法架一张单人床,你将睡上边的单人床……"

"为什么?为什么要那样呢,妈妈?双人床上架一张单人床,看上去多古怪呀!"

"必须那样。因为,将有一个男人和妈妈睡在双人床上……"

"女儿,听明白妈妈的话了吗?"

"妈妈,你要给我……找一个后爸?"

"是的。他比妈妈年龄大,50多岁了。他是一个有技能的人,善于修理家电。剩下的钱中,妈妈将动用两万,租一个门面,向他学习家电修理,与他共同开好一个家电修理部。其余的钱,为你储蓄着,留做你上高中上大学的学费。女儿,这就是我们未来的生活。妈妈本不打算在今天晚上和你说这些,但是你想得太多了,妈妈只有现在就讲……"

女儿眼圈一红,又低下了头。

母亲低声问:"女儿,你为什么不说话了?"

"他……那个男人,会对你好吗,妈妈?你们不会整天吵架吧?"

女儿的声音比母亲的声音更低。

"妈妈怎么会找一个对妈妈不好,整天和妈妈吵架的男人呢?"

"他……也会对我好吗?"

"妈妈保证他也会对你好,只要你能渐渐习惯于接受他。"

"他……不酗酒吧?"

"他偶尔也喝,但是绝不酗酒……"

"他赌钱吗?我比讨厌酗酒的男人还讨厌赌钱的男人……"

"妈妈怎么会找一个赌徒呢!"

"妈妈,你可要看准人呀!"

"妈妈都是40多岁的女人了,不是那么容易被男人的假象欺骗的。"

"那么,妈妈,这一个现实,我也接受。"

女儿抹了一下眼泪,抬起了头。她望着她的母亲,见她的母亲脸上也和自己一样正淌着泪。

母亲抹了一下眼泪,嘴角微微一动,似乎笑了一下。

女儿觉得母亲真的是笑了一下,于是自己也笑了一下。

女儿低声说:"妈妈,咱们吃元宵吧,要不凉了。"

母亲说:"对,吃吧,凉了就不好吃了。"

于是女儿首先拿起了筷子。

"女儿,吃出什么馅儿的了吗?"

"山楂馅儿的,酸甜,我爱吃。"

"女儿呀,咱们生活在社会底层的人,命运就像这元宵做成的过程一样。做元宵不是首先得有馅儿吗?咱们就是元宵馅儿。咱们被在社会那只大簸箕上摇啊摇啊,渐渐地粘满江米面儿,一个个元宵就做成了。那就是咱们的命运形成了呀!咱们不能被摇散了。咱们应该经得起摇,摇散了的馅儿还怎么能滚成元宵呢?只要咱们自己不散,只要咱们本身酸酸甜甜的,咱们的命运就也会像元宵一样,有自己的滋味儿。女儿你说对不对?"

"妈妈呀,你不但说得对,而且比喻得好极了。以后我要把你的话写进作文里!"

女儿的语调乐观起来了。

"还吃吗?"

"妈妈,再给我盛一碗!"

在2000年的正月十五,有一个人听到了这母女二人的全部对话。

那一个人是我们都不太相信存在着的上帝。

上帝被母女二人的相互理解感动了。于是上帝使那个将要介入她们命运的男人的心肠变得更好,性情也变得更好。

那么,当然的,他很爱那个女人,也很爱她的女儿……

心灵体验

女儿爱妈妈,也害怕妈妈会离她而去,被听来的故事吓得不知所措。妈妈更爱女儿,生活在社会底层的妈妈爱自己的女儿也更实际、感人。正因为母女的爱感动了无所不能的上帝,才会有这样的故事结尾。

放飞思维

1.你认为女儿听到的故事是真的吗?这个故事在本文中起什么作用?

2.通篇文章以元宵为主线,且妈妈的话也以元宵来比喻,这样写有什么效果?

3.你相信上帝吗?文中的上帝暗喻什么?

在爱的站台上送别

◆邓康延

> 人生是流动的,生活是流动的,爱却永久地站着,与坚固的站台一起挥手相送。

它不能改变日子的快慢进程,却把岁月凝聚成影集;它似乎只是一种礼仪,却让生活流淌着淡淡的温情。当我们在爱的站台上送别的时候。

人生的各个路口,感情负载得重重时,也许就是亲友离别的一刻了。时间和空间在那一瞬,那一站里显示出跳跃前的热烈和沉郁。我常想,倘若那站台、机坪、码头有知有觉,能承负起那么多的离绪别恨、远思长情吗?母与子、夫与妻、兄与妹、朋友同事、知己同学、恋人情侣,目光拥抱着。——当秋雨缠绵时,当暮雪飘洒时,当晨风微拂时,当星云游移时,汽笛响了。

许多人一别再难相逢,这里便成为一个灰蒙蒙的背景,衬托起斑驳记忆;许多人又会久别重逢,于是这里便凝聚起双倍的柔情。

每当我看到那些含泪又微笑,挥手再跟跑的人们,总觉得心头有什么被搅起。苍茫人世,因为这别离,有了某种缺憾;也因为这别离,缺憾成美。

我不能忘记这些场景：

送新兵的站台上，一位母亲用微笑压住泪水。还未佩徽章的儿子以不熟练的动作向她行第一个军礼。列车和岁月就此行驶在进行曲中；一位乡下老人送读大学的孙女，俩人为互让一张10元钱争来扯去。我知道了爱有多种形式，钱能表达，却不能丈量；一方去支边的一对恋人绞着手话别，他们不能相吻，便用目光拥抱，两位好似兄弟的青年难舍难分。我问送行的青年，"是老朋友吧？""不，才相识几天。"他望着列车消失的前方又补充了一句，"患难相交"。我突然想起两句诗"天涯何处无芳草""相逢何必曾相识"，人世有这两番境界，也算得上高远旷达了；而最使我不能忘怀的，还是在四川一个烟雨迷蒙的矿区小站上，一群矿区初中的孩子为几个实习归去的师专学生送行。一个女孩率先哭了，顿时，站台被一片离情濡湿。竟有几个男孩子爬上火车，要再送一站。素来原则与心肠都挺硬的列车员默然允诺。在车上，我问几个未来的老师，他们一时难于成句，索性打开一大叠赠送的本子。有一本只题有一句：老师，您不会走出我的心。以后，铁轨就给了我这样一个意象：血管。再怎样延伸，也是循环，终归走向亲友心里、社会心里、祖国心里。

站台，是一个细腻多情的少女，又是一个粗犷豪放的汉子，它身上淌着南方河的气息，它肩上托着北方山的情志，它怀着对往日的追忆，它举着对明天的期冀。

毕竟，时代的站台，已缩短了远方与远方的距离、心与心的距离，已走出了柳永"杨柳岸、晓风残月"的冷艳，已走出了荆轲"风萧萧兮易水寒"的悲怆，已走出了王维"劝君更进一杯酒"的孤寂。于是，便我们这一辈人揣着激情，去西走日喀则，东奔大亚湾，北穿漠河，南跨老山。

流动奔涌的，才是——生——活。

我向往着远方，还因为在驶向远方的路上有许多站，站上有许多故事，故事里有许多相识或不相识的朋友，朋友们以他们各自的送行方式表述着爱意。

人生是流动的，生活是流动的，爱却永久地站着，与坚固的站台一起挥手相送。

站台，承载着多少离绪别恨、远思长情。也正如柳永所言"多情自古伤别离"，因为离别，"此去经年，应是良辰好景虚设，便纵有千种风情，更与何人说"。是啊，站台里面藏着爱，藏着魂。爱是人类最美的语言。

1.作者把铁轨比作"血管"，其意义是什么？

2.站台离别的场景突出了一个什么主题？

吾家有女初长成

◆程乃珊

> 生命，是无法定制和预先设计的。只要生命是健康又向上的，就是美的。可怜天下父母心，为何要像做盆景般来设计你子女的形象呢？

从来不在文章中写自己的女儿，不为别的，只觉得她既非才华出众，也不属天生丽质，甚至连大学都没上——一句话，典型性不够。

曾几何时，女儿在报上竟也发表了几篇文章，这倒出乎我意料之外。我是在女儿寄给我剪报时才发现她发表文章的。

"你怎么不早告诉我。"我问她。

"早告诉你，你一定要拿去修改，早晚会被你弄得面目全非，就不再是我的文章了，"她说。女儿的文章其实很稚拙。如果一定说有什么长处，那就是本色，如同她的为人。因为年轻，尚不懂作假。坦白地说，我一度对女儿很失望。

理想中的女儿应该是个淑女，懂音乐、爱好文学、弹得一手好钢琴……而我的女儿，给她买来全套《安徒生童话》，她只翻了几页就不看了。还大言不惭地说："我只记得一句烂布片。"直把我气得半死。她8岁开始上钢琴课，却终因每次练琴她哭我吼而放弃。最令我七窍生烟的是，有次她的作文竟然不及格。她却振振有词："又是《一件难忘的事》，这篇作文我从小学三年级作到高中三年级，少说也有三四次。我总共才多大，有多少难忘的事？"

女儿经受不起闲话："人若犯我，我必犯人。"不懂得包涵。

"你怎么一点儿不像我！"我不由得抱怨。

"那当然啦，你是你，我是我。"她回答着。

她看我写的《女儿经》，看完了把嘴一嘟，说："没劲。要我来写这部《女儿经》，保证那三个女儿将家里搞得天花板都掀了，把妈妈弄得发神经病为止。"说着，她就绘声绘色地开始把构思讲给我听。

"去去去……"不等她讲下去，我就把她支开了。现在想想，可能这也是她的《女儿经》呢。当然，我们母女俩也有"心有灵犀一点通"之时。有一次在一个圣诞派对上，在场有个五六十岁左右、极富魅力的先生，高亢一曲英文歌，声情并茂，十分动人。当然，我俩都没出声。好一阵时日，一次偶与友人谈起男人，我不禁以赞赏的口吻谈起那位先生。话音未落，女儿即在一边插嘴表示赞同。我倒没想到，在对男人的审美上,我们母女俩倒没有代沟。

在我去港的三四年间,觉得女儿一下长大了。

首先,我十分爱读她的信,生动有形,宛如她自己在我眼前说笑一般。其次,我又发现,她已能在琴键上奏出很好的曲子。原来,她已深深爱上了钢琴。我问她:早知今日,当初每次练琴都像要上断头台般? 她倒也答得爽快:"小时候你们根本没有征求过我的意见,就逼我上钢琴课。现在是我自己喜欢。"她还为自己找了个亦师亦友的钢琴老师呢。人说士别三日当刮目相看,今日女儿读书面之广竟超过我。一本台湾出版的关于汉奸梁鸿志的传记,她竟看得娴熟,且还能与一位90多岁的、当年也曾有经济汉奸之嫌的老先生交谈,有条不紊地陈述出她对此历史人物的独特想法和评价,令老先生十分惊讶。我问她从哪看的这本书,她说:"就在你的书架里,一个台湾朋友送你的,你自己翻都不翻。"她爱读《围城》,几乎背得出其中好多她认为的精彩之句;她也爱读《洗澡》,但她仍拒绝《安徒生童话》,也不喜欢我的偶像——张爱玲的小说。

不知不觉间,女儿成了我的朋友。我们一起谈电影,谈男明星——对当代影坛歌坛的明星,她永远比我们熟,但凡港地的《亚洲周刊》要我采访如成龙、王靖雯这些明星,女儿还是我的背景材料的最佳咨询者呢。有时我还会做一下希望女儿成为小美人的白日梦:"要是你再高5公分,眼睛再大一点儿……"女儿则手一挥:"那就不是我严洁了!"

女儿的生活,平淡又忙碌:每天8时半在一外资机构上班,晚上还在夜大"充电",还要写文章弹琴说笑聊天吃东西。她最不肯委屈自己的口福,时常发感慨:"人要有两张嘴就好了!"最近,向她约稿的报刊也有一些,她似乎更忙了。她还未受到生活的污染,她不会永远是这样,但这不是我能左右的。

生命,是无法定制和预先设计的。只要生命是健康又向上的,就是美的。可怜天下父母心,为何要像做盆景般来设计你子女的形象呢?

个性是孩子的天性,抹杀了个性就没有了风格与特长。有见解、有思维、有倔强的性格才是当今社会赋予人的独特魅力。母亲爱孩子,但不能定制和预先设计孩子的生命轨迹。爱孩子,孩子也可成为朋友!

1.请总结文中女儿严洁的性格特征。

2.文中作者对孩子的态度是怎样的?

该对女儿说什么

◆米博华

> 然而爸爸对于女儿总希望她既免去我们经历
> 的不幸又去掉现实的缺憾。如何是好，谁知道呢？

晚10点，女儿准时入睡。我看着她，心里却泛出一丝悲凉。闺女的生活今天和昨天、前天一模一样，有多少兴奋、喜悦、愉快、轻松的记录呢？上学、听课、吃饭、做习题、背课文、洗脚、睡觉。这种单调而又压力重重的生活也许还要持续10年或者更长。

我们也许很难再看到成群的孩子疯玩的景象：女孩子跳房子、掷骰子、跳皮筋；男孩子拍毛片、弹玻璃球、滚铁环、粘蜻蜓、掏鸟窝……而学校的操场直到天擦黑依然热闹的像滚开的水。回顾这一切，我只想说，为我们过去的成群结队，现在的孩子们要付出形单影只的代价；为我们过去荒废教育，现在的孩子们必须拥挤在升学的小道。如果没有那场浩劫，也许高中和大学要比现在多两三倍，宽敞的教室等着他们去坐。

现在的孩子们，你们生活得太逼仄。

你们学校的操场在一天天缩小，篮球场被新起的教学楼占去了一大半，而学校的乒乓球室又要接纳新入学的孩子。你们在教室里做体操，在楼道里跑步，连弹玻璃球的地方都找不到，又往哪儿去踢足球。

你们也无法找到自由的绿洲，和成年人一样，进哪个公园，都得拿上一张大票。甚至找不到像筒子河边那样的免费散步的场所。

你们看不到密如飞蝗一样的蜻蜓，听不到垂柳下呢喃的燕语，甚至看不到排成方阵的蚂蚁车轮大战。你们的自然知识，是在电视里、在胶印的画片里学到的。你们无法体会和小动物交流的快乐，无法品味收获蓖麻籽、葵花籽的兴奋，更无法理解粘"知了"的那种惊险的心跳。

你们一定过早地感到人生的艰难。你们正在幻想做梦的年纪，哭也忘情，笑也开怀，本该无忧无虑地纵情舞蹈欢歌，然而严峻的搏击似乎从幼儿园就已经开始，而到了升学的关口，更是狼烟四起。你们在"重点"和"非重点"的纷争下度过童年，在不是你上就是我下的阴影中变成青年，在两代人殷殷厚望的包围下，结束最浪漫的青春岁月。像旋转的风车，像不倦的机器，像按照程序动作的电脑，惟独缺少音乐般的抒情节奏和诗一样空灵的感觉。你们发红的眼睛专注着记分册，爸爸妈妈容不得你们装进分数以外的任何东西。"我得100分!"偏执的你们只能为此一笑,而爸爸妈妈笑过之后就默默地想着:"这孩子怪可怜!"

……女儿深深睡着,已经发出鼾声。不要打扰她,日日夜夜只有8小时的安宁。清晨她还要默写200个生字,背诵15个英文单词。我们能做什么?买一打"脑黄金"滋补,送她一件价值200元的生日礼物,或者请她到美食城一"撮"……仔细想,比比我们,他们是幸运的,应该知足。然而爸爸对于女儿总希望她既免去我们经历的不幸又长掉现实的缺憾。如何是好,谁知道呢?只是想,这个大礼拜带着她远足踏青,找个地广人稀的地方,疯玩疯闹疯唱疯跳,让她像兔子一样自由地飞跑!

米博华先生的矛盾心情,很多的家长都有,我们想让孩子成为有出息的人,又不想让他们受太多的累,不想让他们失去童年的天真、少年的自由和青年的放达。可这又是何其难办!

1.文中体现了作者的两难境地,你能体会作者的苦心吗?
2.有人说现在的孩子怪可怜的,你认为呢?

爱 之 歌

◆殷德厚

爱,是一首最激动人心的歌。歌颂它,你就会远离自私之境;歌咏它,你就会情思无限;歌吟它,你就会胸怀广阔。

自有人类就有爱,爱是一种很玄妙的东西。

父子之爱,母女之爱,姐妹之爱,兄弟之爱,师生之爱,朋友之爱,夫妻之爱,情人之爱,都深溢在这辽阔的大地之上。

爱,来自各个不同的对象,有各种名称的内容和形式。有浓情蜜意的爱,有淡如清水的爱,有山盟海誓的爱,有无微不至的爱,有不着痕迹的爱,有刻骨铭心的爱,有魂牵梦萦的爱,有纯洁无瑕的爱,有相敬如宾的爱,有永垂不朽的爱,有缠绵悱恻的爱,有气壮山河的爱。

爱，是一种自发的行动，是一种纯真的感情，也是一种极微妙的心理状态。爱，一般是双方的，但也有发生在单方面的。

爱，往往有各种各样的原因，但也有许多解释不了的爱。

爱，在地球上生存，却因人而异。

有的人很容易滋生爱的情感，有的人则难于长出爱的幼苗。有的人永远有一股爱的情潮在胸际奔腾，有的人在爱的天地里，长年累月心如止水。

爱，是人类的独有财富；爱是一种不可多得的珍品；爱，是一种高尚的情操。当它升华时，可以奔流不息，可以惊天动地，可以发挥非凡的潜力，可以能人所不能。

爱，总是与美结合在一起的。她们简直是一对孪生的亲密姊妹。美的事物滋生着爱，孕育着爱；有了爱，这种美更光华、更隽永，更能散发出夺目的异彩。散文、小说、诗歌、戏剧以及其他形式的文学作品，都少不了爱。爱，是作品的精华，作品的精髓，作品的生命。对爱描写得最美、揭示得最深、吟咏得最动人的作品，便最能扣人心弦，最能流传久远。

饱含着爱的作品，像甘美的陈年佳酿，时光的消逝更能增添它醉人的香气和美味。

爱，充塞在广宇之中；爱，激溢在大地之上。在无穷的时空里，爱在消逝；在无穷的时空里，爱在滋长。它永无止境地在生在灭在延续，在传播，在发扬。

爱，是一首最激动人心的歌。歌颂它，你就会远离自私之境；歌咏它，你就会情思无限；歌吟它，你就会胸怀广阔。

爱啊，你这美妙的风吹吧，尽情吹吧！吹遍广袤大地，让人与人更加和谐，让人与人更加多情，让人与人更加亲密！

拥有了爱，你便拥有了幸福。有了父母亲的爱，你便更加年轻，因为在父母亲的眼里，你永远都是长不大的孩子；有了兄弟姐妹之爱，你会更加懂得品味竞争和学习；有了朋友之爱，你不再孤独，在凄冷的夜，一杯清茶，一包瓜子，朋友的话语是对你最大的安慰。

1.你能归纳出文中作者列举了人间哪几种爱吗？

2.有人说爱到深处则让人心痛，你如何理解？

玉兰花的记忆

◆卢 玮

我曾在它的枝干上，每年刻画一痕，以志成长；也曾和姐姐爬坐上树枝，吃着西瓜，享受风的摇摆。

不记得从什么时候起，每当院子里的玉兰花散放出清远的香味时，总有认识或不认识的邻人，专程前来要花。

玉兰花树约有两屋半的楼房高。自我有记忆起，便有花香。父亲总是起个大早，趁花含苞时便给摘下。他把较细的竹竿末端削成剪刀口状，以辅助摘花，有时亲自爬上树去摘，身手矫健。然后把摘下的花，分别装在小袋子里，置于冰箱保鲜，一有邻人闻香驻足，便可以方便相赠。

当然，父亲一定会留下用手可以够得到的范围，让前来感染香气的邻居，也可以得到在绿阴中寻一抹清幽的乐趣。

念小学时，家人总要在我的书包里放些玉兰花，用手帕包好，以免损及象牙白的花瓣。然后再三叮咛，送给老师和同学。有时自己懒惰贪玩，便忘了，经常是老师提醒："我又闻到花香哦。"我才猛然记起。

常常在送给老师后，玉兰花就所剩无几了，所以当同学向我要时，就显窘促，只好从亲近的同学开始送；一些偶有口角的，就给省下来了。这时想来，真自觉小家子气。

那时一直不明白，何以小小的花朵，竟有如此大的魅力？因为我总是喜欢花的姿态，远远胜过它的香气。直到渐渐长大，才稍稍明了这是一种喜悦心情。二十几年前，物资并不丰富，用香水的人当然不多。能在夏日清早感染一身香气，并持续整天，的确令人喜悦。在要花的过程中，即使不认识的人也能透过花间说家常，增进情谊，真是情趣无限。

而父亲赶早摘花，想到会有许多人喜欢他种的花，并盘算着不知今天的花够不够时，这份可以与人分享的心情，更是令人欣慰吧。尤其某个有晨曦的夏天清早，当我看见父亲摘下一朵沾露的玉兰花，小心翼翼地插在母亲的耳际，顺手理理母亲的头发时，我被这般美丽的父母深深感动。

我恍然大悟。原来，母亲身上的花影飘香，皆是父亲每天亲手插上去的。对父亲而言，这也许是极自然不过的一个举止，但跃入我眼里，却是温柔万分。我很难

97

明确地描述出这份感动,不过可以肯定的是,这种感觉真的很好。

玉兰花我有很特别的记忆。我曾在它的枝干上,每年刻画一痕,以志成长;也曾和姐姐爬坐上树枝,吃着西瓜,享受风的摇摆。但这都只不过是父亲无形中带给我的一些生活上的启示。

母亲身上的花影飘香,原来皆是父亲每天亲手插上去的。对于父亲而言,这也许是极自然不过的一个举止,但这体现出来的是柔情万种,是父母之间亲密和谐的标志。这种爱是无法用语言描述得详尽的。

1. 在作者眼里玉兰花代表着什么?
2. 父亲在无形中给儿女带来了哪些生活上的启示?

爱 如 茉 莉

◆映 子

> 初升的阳光从窗外悄悄地探了进来,轻轻柔柔地笼罩着他们。一切都是那么静谧美好,一切都浸润在生命的芬芳与光泽里。

那是一个飘浮着橘黄色光影的美丽黄昏,我从一本缠绵悱恻、荡气回肠的爱情小说中抬起酸胀的眼睛,不禁对着一旁修剪茉莉花枝的母亲冲口说:

"妈妈,你爱爸爸吗?"

妈妈先是一愣,继而微红了脸,嗔怪道:

"死丫头,问些什么莫名其妙的问题!"

我见从妈妈口中诱不出什么秘密,便改变了问话的方式:

"妈,那你说真爱像什么?"

妈妈寻思了一会儿,随手指着那株平淡无奇的茉莉花,说:

"就像茉莉吧。"

我差点儿笑出声来,但一看到妈妈一本正经的眼睛,赶忙把很是轻视的一句话"这也叫爱"咽了回去。

此后不久,在爸爸出差归来的前一个晚上,妈妈得急病住进了医院。第二天早晨,妈妈用虚弱的声音对我说:

"映儿,本来我答应你爸爸今天包饺子给他吃,现在看来不行了,你呆会儿就买点现成的饺子煮给你爸吃。记住,要等他吃完了再告诉他我进了医院,不然他会吃不下肚的。"

然而,爸爸没有吃我买的饺子,也没听我花尽心思编的谎话,他直奔到医院。此后,他每天都去医院。

一个清新的早晨,我按照爸爸特别的叮嘱,剪了一大把茉莉花带到医院去。当我推开病房的门,不禁被跳入眼帘的情景惊住了:妈妈睡在床上,嘴角挂着恬静的微笑;爸爸坐在床前的椅子上,一只手紧握着妈妈的手,头伏在床沿边睡着了。初升的阳光从窗外悄悄地探了进来,轻轻柔柔地笼罩着他们。一切都是那么静谧美好,一切都浸润在生命的芬芳与光泽里。

似乎是我惊醒了爸爸。他睡眼蒙眬地抬起头,轻轻放下妈妈的手,然后蹑手蹑脚地走到门边,把我拉了出去。

望着爸爸憔悴的脸和布满血丝的眼睛,我不禁心疼地问:

"爸,你怎么不在陪床上睡?"

爸爸边打哈欠边说:

"我夜里睡得沉,你妈有事又不肯叫醒我。这样睡,她一动我就惊醒了。"

爸爸去买早点,我悄悄溜进病房,把一大束茉莉花松松散散地插进空罐头瓶里,一股清香顿时弥漫开来。我开心地想:妈妈在这花香中欣欣然睁开双眼该多有诗意啊,转念又笑自己简直已是不可救药地"耍"浪漫。笑着回头,却触到妈妈一双清醒含笑的眸子:

"映儿,来帮我揉揉胳膊和腿。"

"妈,你怎么啦?"我好生奇怪。

"你爸爸伏到床边睡着了。我怕惊动他不敢动。不知不觉,手脚都麻木了。"

这么简简单单、平平淡淡的一句话,却使我静静地流下泪来。泪眼蒙眬中,那丛丛簇簇的茉莉更加洁白纯净。它送来缕缕幽香,袅袅娜娜地钻到我们的心中,而且萦萦不去。

哦,爱如茉莉,爱如茉莉。

心灵体验

爱,是这么简单而平常;
爱是早晨的阳光拂面,轻而柔;
爱是午夜月光,静静地在水中闪耀;
爱是茉莉花香,你嗅不到清香,却芬芳满怀。

1. 文中哪两件事反映了爸爸和妈妈之间的那种互相关心的情感？

2. "爱如茉莉"体现了作者什么样的感受？

生命的药方

◆胡建国

> 德诺一生最大的病其实是孤独，而你给了他快乐，给了他友情，他一直为有你这个朋友而满足……

德诺10岁那年因为输血不幸染上了艾滋病，伙伴们全都躲着他，只有大他4岁的艾迪依旧像以前一样跟他玩耍。离德诺家的后院不远，有一条通往大海的小河，河边开满了五颜六色的花朵，艾迪告诉德诺，把这些花草熬成汤，说不定能治他的病。

德诺喝了艾迪煮的汤，身体并不好转，谁也不知道他还能活多久。艾迪妈妈再也不让艾迪去找德诺了，她怕一家人都染上这可怕的病毒。但这并不能阻止两个孩子的友情。一个偶然的机会，艾迪在杂志上看见一个消息，说新奥尔良的费医生找到了能治疗艾滋病的植物，这让他兴奋不已。于是，在一个月明星稀的夜晚，他带着德诺，悄悄地踏上了去新奥尔良的路。

他们是沿着那条小河出发的。艾迪用木板和轮胎做了一个很结实的船，他们躺在小船上，听见流水哗哗的声响，看见满天闪烁的星星，艾迪告诉德诺，到了新奥尔良，找到费医生，他就可以像别人一样快乐地生活了。

不知漂了多远，船进水了，孩子们不得不改搭顺路汽车。为了省钱，他们晚上就睡在随身带的帐篷里。德诺咳得很厉害，从家里带的药也快吃完了。这天夜里，德诺冷得直发颤，他用微弱的声音告诉艾迪，他梦见200亿年前的宇宙了，星星的光是那么暗那么黑，他一个人待在那里，找不到回来的路。艾迪把自己的球鞋塞到德诺的手上："以后睡觉，就抱着我的鞋，想想艾迪的臭鞋还在你手上，艾迪肯定就在附近。"

孩子们身上的钱差不多用完了，可离新奥尔良还有三天三夜的路。德诺的身体越来越弱，艾迪不得不放弃了计划，带着德诺又回到了家乡。不久，德诺就住进了医院。艾迪依旧常常去病房看他，两个好朋友在一起时病房便充满了快乐。他们有时还会合伙玩装死游戏吓医院的护士,看见护士们上当的样子,两个人都忍不住大笑。艾迪给那家杂志写了信,希望他们能帮忙找到费医生,结果却杳无音信。

秋天的一天下午,德诺的妈妈上街去买东西了,艾迪在病房陪着德诺,夕阳照着德诺瘦弱苍白的脸,艾迪问他想不想再玩装死的游戏,德诺点点头。然而这回,德诺却没有在医生为他摸脉时忽然睁眼笑起来,他真的死了。

那天,艾迪陪着德诺的妈妈回家。两人一路无语,直到分手的时候,艾迪才抽泣着说:"我很难过,没能为德诺找到治病的药。"

德诺的妈妈泪如泉涌:"不,艾迪,你找到了。"她紧紧地搂着艾迪,"德诺一生最大的病其实是孤独,而你给了他快乐,给了他友情,他一直为有你这个朋友而满足……"

三天后,德诺静静地躺在了长满青草的地下,双手抱着艾迪穿过的那只球鞋。

德诺在得知自己患绝症后,需要朋友的鼓励与支持,更需要亲情的慰藉,这一切,作为朋友艾迪做到了。他们俩之间的友情,胜过亲情无数。

1.艾迪的妈妈不让艾迪去找德诺,是怕一家人也会染上病毒,可艾迪照妈妈的话去做了吗?为什么?

2.你相信杂志上介绍的费医生吗?为什么两个孩子没有找到费医生?

寂寞女儿心

◆张 欣

我们除了希望她好之外,还附加了许多诸如我们的意志、我们的梦想、我们的期待、我们的面子,我们其实也很看重这些,而一颗小小的童心又怎能装得下这一切呢?

女儿上学以后,正式从母亲那里搬进我们这边的小家。感情上的疏离,使她对我和她爸爸从没有亲昵的举动,有时她爸爸抱她,她的表情别扭极了。

学习成绩一直不理想，100分至少跟我没有照过面，经常会让我们在不及格的卷子上签名，要不就是留堂，午餐守着饭和菜等着迟迟不归的她。我这样一个爱面子的人，常常被老师叫到学校去听证，全是说她不好，待我青着一张脸回到家，当然要对她大发脾气。

她渐渐变得落落寡欢，从不主动与我们交流，能在自己的房间里待很久，自言自语，自己跟自己玩，上学、放学都是闷闷的。

成绩还是不好，留堂照旧，老师的埋怨也照旧，我们不知道她心里想什么，老师说她表扬、批评都那个样子，晚上我和她爸爸自嘲道"荣辱不惊啊"。

一天临近放学前，突然降下暴雨，狂风怒吼，粗粗的雨柱被吹得横扫万物，闪电雷鸣更是不在话下。等了好一会儿不见雨停。我便拿了一把伞又撑着一把伞到学校去。

走至立交桥时，我停下来看车，再过两条马路便是女儿的学校，陡然间，我发现女儿正在雨中狂奔，她好像一点也不怕雨，在雨中展开长腿长臂，像小骏马一样扬蹄飞跑，脸上带着掩饰不住的快意，背上是硕大无比的书包，她仍然轻盈地腾空飞越。

我在马路的这边大声喊她的名字，但哗哗的雨声淹没了我的声音，她什么也听不见，什么也看不见。只知道在雨中酣畅地奔跑，那一瞬间，我呆住了，她这种举动，分明是压抑已久之后的借题发挥，她心里一直不愉快，因为永远受到责难与批评，可是她说不出，她还没有能力描述心中的感受，所以只好无奈地接受寂寞童年，今天因为大雨改变了整个世界，汽车、行人、街道都失去了往日的秩序，她于是趁着乱也舒缓一下沉闷的心情。

我停止了叫喊在雨中一直等到她发现我，跑过来，雨水已经打湿了我整条裙子，她更是落汤鸡一般。我说，这么大的雨，怎么不躲一躲再出来呢？她说，躲了，看它不会停，又怕你们等着急……

我拉着她的手回家去。

教育子女的道理，谁讲起来都是一套一套的，能做到一半已属不易。我自封潇洒之人，也颇同意无为而治，真正见到60分，照样勃然大怒。

社会发展到今天，竞争意识深入人心。孩子学习不好也是很实际的问题，但是想到她以那样压抑的心情度过人生初旅，也是一件令人悲情的事。毕竟，我们除了希望她好之外，还附加了许多诸如我们的意志、我们的梦想、我们的期待、我们的面子，我们其实也很看重这些，而一颗小小的童心又怎能装得下这一切呢？

现在我们的情况有所好转，只是我必须经常地说服自己，也很累，也很想在雨中奔跑。

当希望到来之前是等待,当它到来以后还是等待,因为那时又有一个新的希望了。但是有些希望是不会到来的,于是生命在不断等待中还有失望。不过不会彻底失望的,因为人的一生当中不止一个希望。疼爱女儿的母亲,其实比女儿的心更寂寞。

1. 父母爱女儿又反复为不及格的卷子恼怒,反映了父母怎样的无奈?

2. 母亲雨中送伞和女儿在雨中狂奔各自体现了什么样的内心情感?

小 男 生

◆路 丁

当我们面对人生的十字路口,当我们处在灵魂的彷徨瞬间,孤独无助的我们一心企盼的不正是来自世界、来自他人的关心、帮助、同情、理解、宽容、包含吗?

每天下夜班都要从这里经过。都不太晚,午夜12时左右。通常,路旁的小食店里都有人,网吧内也是人影幢幢。虽说路灯不是很亮,但我从未有不安全的感觉,总是将小枕头一样的拎包拎在手上。包里放着一串钥匙、几个口香糖而已。

这天又下夜班,我刚刚领了夜班费,就到一家面包屋买了两个面包。

今天的路特别黑,黑得连我都觉得奇怪。一看,不知什么时候,三盏路灯只有一盏还亮着,路边的小店有好几家都关门了,所以感觉特别黑。

回家的路不长,就那么几百米。我像往常那样哼着歌快步走着,但隐隐约约,觉得身边有脚步声。回头看看,没有人;再走,还是有脚步声。我又一次回头,这才看清楚,一个个头比我高一点儿的小男生模样的大孩子,跟在后面。我走得快一点儿,他也跟得快一点儿;我走得慢一点儿,他好像也会慢一点儿。再一个拐弯,就到家了,我有意放慢脚步,这时小男生紧走几步挨近了我。

小弟弟,你走夜路害怕是吗? 我突然这样问。

103

小男生一下止了步，有点惊慌地点点头又摇摇头。

来，我送你回家。我伸出了没拎包的那只手。

小男生迅速后退一步，僵在那里。

要不先到我家坐坐。我和蔼地笑了，就在前面，我家没有别人。

小男生犹豫着，不置可否。

来吧，两个面包，刚好一人一个。我晃了晃面包，就在前面带起路来。

小男生落后几步跟着，进了我家。

我家里没别的人。一进屋，小男生就用眼睛盯住了那台电脑。

我请小男生吃了面包和奶茶，还动作很笨地削了一个苹果递给他，并告诉小男生，我是报社的编辑，每周要上5天的夜班。我的丈夫出差没回来，我有一个儿子，3岁了，寄住在姥姥家，周末才回来。

小男生从头到尾一言不发。半个小时后，我把小男生送出了家门。之后，小男生成了我家的常客。一年后，小男生考上了本市一所重点高中。

拿到重点高中录取通知书那天，小男生很高兴，跑到报社来找我。

我也替他高兴，就请小男生吃炸鸡腿。

小男生吃了一个就停住了，吭吭哧哧了好一会儿，告诉了我一个窝在心里一年多的秘密。

其实那天晚上，我想抢你的钱包。小男生说，你买面包时我看见包里有好多钱。

我知道。我轻描淡写地回答，我早就注意你们这些半大的小伙子了，天天泡在网吧里。因为没钱打游戏，有些孩子就去抢劫，我编过这类稿子。

那你……小男生呆住了。为什么不喊起来？

我怕你会吓着呀。我笑了，那天晚上如果抢了我的钱包，今天你会在哪里？可能会在少管所里是不是？那就考不上重点高中了，也吃不成炸鸡腿了。我语气很轻，很随意，但相信每个字都重重地撞击着他的耳膜。

小男生点点头，眼里有了泪花。

我妈妈都没你这么好。他说，只会打麻将，拿钱给我吃盒饭。

你还要考大学是不是？我对他眨眨眼睛，等你长大了，成家了，不要打麻将，不要给钱让孩子吃盒饭就好了。

他腼腆地咧咧嘴。

其实那天晚上我也很害怕，我不知道你身上有没有刀。快拐弯时我就想喊了，突然我想起了一篇文章，那是好几年前看过的，我就告诉自己，你没有带刀，你还没那么坏，我就模仿文章上写的那样，用真心唤起你的良心。

泪珠从小男生的眼眶里滚落。

不要再跟别人讲这件事。我放下鸡骨头，擦擦手，盯着他，就算我们之间的小秘密，好不好？

他点点头……

多么幸运的小男生！在人生的歧路，遇到了温柔善良、满心盛着爱和同情的"我"。当我们面对人生的十字路口，当我们处在灵魂的彷徨瞬间，孤独无助的我们一心企盼的不正是来自世界、来自他人的关心、帮助、同情、理解、宽容、包含吗？这种包容，包含了多少爱！

1.偶然之中的必然，如果我当晚不那么做，不用真心去唤起小男孩的良知，其结果肯定就不会有第二次一起吃炸鸡腿了，你能体会作者的这份苦心么？

2.小男生的生活轨迹给了我们什么启示？

一只鹭鸶

◆陈所巨

我的连走路也不肯踩死虫蚁的善良的母亲，不忍心让我们挨饿，竟亲手杀死了一只鹭鸶！几十年来，她的心因此默默地受着多少折磨啊！

童年的一个雪天，我们被饥饿困扰，家里委实找不到一点儿可以吃的东西。我和母亲以及还在襁褓之中的弟弟最大的愿望，就是等待父亲回来，他是到湖滩上挖野荸荠去了。虽然我们明白，这么大的雪，天又特别冷，湖滩肯定是冻住的，但我们依然充满希望地等待着。那种时候，能够充饥的东西，惟有等待和希望。

中午以后，父亲的身影才在我们久久等待的视野中出现。当他裹着一阵冷风走进门来的时候，我看见他袖着双手，怀里竟抱着一只鸟。父亲说，那是只冻得快要死了的鹭鸶，在雪地里，一伸手就逮住了它。父亲把鹭鸶放到地上，它浑身颤抖，连站都站不稳。我蹲下来抚摸它的羽毛，它并不害怕，它是连害怕的力气也没有了。它的眼睛水噬噬的,似是泪,浮着那种招人怜悯的微光。在这种冰雪封冻的天气,这只鹭鸶真的太可怜了。

我感到了一阵袭来的饥饿,就抬起头来问父亲:"挖到野荸荠了吗? 我饿。"

父亲眼里掠过一丝无奈:"地冻得实在硬,刨不动。"说着他将目光移向母亲:"把这只鹭鸶杀着吃了吧,孩子太饿。"

母亲显得十分犹豫,她信佛,从不杀生。衣服上落只虫子,也轻轻掸掉,不肯碾死,何况要杀这样一只可怜的鹭鸶呢?

"不,不能杀它,它太可怜了。"我大声说。

父亲说:"我们没有吃的,你不是很饿吗?"

"我不饿,一点儿也不饿,你别杀它。"我赶忙说。

"它快饿死了,我们没东西喂它,它反正是要饿死的。"父亲坚持着。

"不,我喂它,它不会死。"我护住鹭鸶,扳开它的长喙,嘬了些唾液吐进去,鹭鸶缩动长脖子,贪婪地吞咽着。

见我如此,母亲就说:"别喂了,口水喂不活它,我们不杀它吧。"

我把鹭鸶放到一只旧竹筐里,筐里垫了些干草。我想着等到天晴,鹭鸶能够觅食的时候,就把它带到湖滩去放了。

那是最难熬的一夜,两天没吃进一点食物的胃先是疼痛,接着似火烧火燎,以后就麻木了,身上一阵一阵地渗冷汗。我朦胧中觉得夜里母亲不止一次到我床边,伸手摸摸我的额头,然后,就小声地叹息。

天刚亮,母亲摇醒我,说:"快起来,鹭鸶死了,是饿死的。"

我来不及穿衣就跑到竹筐边,鹭鸶真的死了,倒在干草上面,脖子垂向一边。

母亲烧了些开水,将鹭鸶冲烫了几下,拔了羽毛,然后剖开肚子,将内脏扒出来洗净。那只可怜的鹭鸶的胃囊里,除了几粒玛瑙色的砂粒之外,什么也没有。它大概也已经饿了好多天。

鹭鸶自己死了,我们吃它便心安理得。鹭鸶太瘦,肉很少,母亲就烧了半锅汤,每人一小碗。

那是我们家的一顿美餐。

许多年以后,我仍忘不了那只鹭鸶,是它救了我们,让我们一家渡过了难关。鹭鸶被我们吃了的第二天雪就停了,天气转暖,第三天,父亲就从湖滩上挖回了一些野荸荠。

后来,我们长大了,母亲年老了。那年她身染重病,临终之前喊我到床边,说:"记得那年大雪天的那只鹭鸶吗? 是我扭断了它的脖子,我是罪过太深啊……"我这才知道事情的真相:我的连走路也不肯踩死虫蚁的善良的母亲,不忍心让我们挨饿,竟亲手杀死了一只鹭鸶!几十年来,她的心因此默默地受着多少折磨啊!

文章不但让我们看到了那个时代那段日子的辛酸,更让我们感受到了母亲在信仰与母爱的矛盾抉择中心灵上所遭受的折磨!在母亲看来,那只鹭鸶的死是自己对生命的虐杀,是不可饶恕的罪责,可为了饥肠辘辘的孩子,为了一家人的生存,她独自承担了这一切,在这样一种悲怆凄凉的氛围中完成了一位母亲人性美形象的塑造。

1.文章在母亲临终前吐露事情的真相有什么意义?
2.你能理解母亲的行为吗?

父亲母亲之间

◆谯 楼

> 站在田埂上的母亲,一定会向父亲不停地诉说。而父亲只是一心一意地倾听。父亲把什么都埋在心底。

父亲从未对母亲说过"我爱你"。母亲也从未对父亲说过"我爱你"。

但是,我知道,父亲母亲之间,有爱,大爱。

母亲是 1975 年冬天嫁给父亲的。那时父亲天天挨批斗。

母亲对外公外婆说:"如果我再退婚,他怕是要垮掉。他以前不嫌弃我们,我们也不该黑良心。"

"你要想好。"外公外婆说。

"我想好了。"母亲说。

母亲知道她前面横着的是什么,但还是要往前走。那天下着大雪。母亲收拾好几件衣服,走十几里山路,嫁了过来,只有外婆陪着。而父亲这边,连迎亲的人也没有。

母亲刚嫁过来,就开始吃苦。

天不亮,母亲就起床煮饭,给父亲吃。因为一大早,父亲就得动身,到区上去。

107

下午收了工,母亲又去接父亲。母亲不放心父亲,怕路上有个闪失。很多时候,母亲午饭都吃不上。

天冷的时候,母亲就会给静坐在院子里的父亲披上一件绣花棉袄。那是母亲惟一的嫁妆。天热的时候,母亲就会摇着一把蒲扇,坐在父亲身边,给父亲驱赶蚊虫。

父亲坐多久,母亲就陪多久。

母亲干活,是队里所有女人中最多的。但不管怎样辛劳,工分都永远是6分,而且,还常受一些无端的气。

母亲都忍着,只是在没有人的地方,才抬起手去抹眼角。

一天晚上,父亲突然说:"人活着,真没意思。"

母亲没有吱声。

"没意思。"父亲又叹了一口气。

"如果你觉得活着真没意思的话,那你先走了,我和娃儿马上就来陪你。"母亲终于说话了。

父亲听了,先沉默着。过了一会儿,突然问:"你有喜了?"

母亲点点头。

父亲伸过一只手去摸母亲的脸:"你瘦多了,苦了你了。"

母亲也抬起手去摸父亲的脸:"也苦了你了。但不管多苦,都要好好活下去。我和娃儿都看你的。"

过了半天,父亲点点头。

父亲把母亲的手握在掌心。母亲把父亲的手握在掌心。

终于,父亲母亲一起熬到了"文革"结束。

1978年12月21日,是上面给父亲平反的日子。那是一个大喜的日子。母亲看着父亲,泪水淌得满脸都是。父亲把母亲抱在怀里,手忙脚乱地给母亲揩眼泪。

父亲母亲很少吵嘴。但有一次却吵得很凶。直到母亲眼泪下来了,父亲才走出屋,坐到院坝边上抽闷烟。一连两天,父亲母亲都没有跟对方说话。

我成了传话筒。

"明娃,去问他要吃多少?"母亲煮饭时,总这样吩咐我。

"明娃,去问你妈……"父亲遇到什么事要问母亲时,总这样吩咐我。

第三天下午,父亲母亲要到一里外的山上去收割麦子。我也去了。

割到一半的时候,父亲停了下来,把我叫了过去。

"明娃,喊你妈歇一会儿。"父亲对我说,"把水拿去给你妈喝。"父亲把水壶递给我。

我便向挥汗如雨的母亲走去。

"妈,爸爸喊你歇一会儿。"我对母亲说。母亲并没有理会我,只是割麦子。

"妈,爸爸喊你喝水。"我把水壶伸到母亲面前。

母亲抬起头看了我一会儿,然后接过了水壶。

"明娃,喊你爸爸加紧割,不然要摸黑。水壶给你爸爸拿过去。"母亲喝了两口水后,对我说。

我接过水壶又向父亲走去。

父亲听了我的话,马上就站了起来,飞快地挥舞起镰刀。

但是我们还是没能赶在天黑之前割完麦子。

父亲母亲又摸了一阵黑,才割完麦子。

捆好麦子后,父亲对我说:"你跟你妈说,我背回去就来接你们。喊你妈慢慢走,天黑。你跟你妈同路。"说完背起麦捆就走。

我和母亲走到一半路,就停下来歇气。这时候,父亲来了。

"我来背。"父亲说。他边说边去接母亲的背架子。

母亲不动,也不说话。

"我来。你歇一下。"父亲又说。

母亲迟疑了一下,还是让开了。

父亲背起母亲的麦捆走在前面,母亲和我紧跟在后面。回到家,母亲寻出一把扇子,递给我,说:"明娃,拿去给你爸爸扇扇。"隔了一会儿,母亲又把我喊到灶屋,说:"这是才泡的茶,给你爸爸端去。"

父亲在院子里歇了一会儿凉,喝了两口茶,就起身走进灶屋,对正在往灶膛里加柴的母亲说:"你出去歇一会儿,我来煮饭。"

母亲起身让开了,走到案板边,去洗菜。

"你要吃多少?"下面条的时候,母亲问父亲。

"一碗。"父亲答。

我当时就在旁边,他们没让我再当传话筒。

"明娃呢?"母亲问我。

"大半碗。"

吃完夜饭,父亲陪母亲喂好了猪。然后,我们一起坐到院子里歇凉。父亲没有说话。母亲没有说话。我一个人说了几句,也不再说话。

"明天逢场,我一早就要到街上去一下。"回屋睡觉时,父亲对母亲说。

"那我明天早点起来给你煮碗面吃。"母亲说。

那年我才9岁。很多事情都不懂。但我知道,父亲母亲"说话"了。

一天中午，队上的王大妈火急火燎地跑来。

"完粮的车在要拢街的竹林坡上翻了，死了两个人，也不晓得是哪个。你屋里头的可能在车上，你去看看。"王大妈上气不接下气地说。

母亲正在灶屋里给我舀饭，听了这话，紧端在手里的饭碗突然就跌在地上，摔得粉碎。母亲忙蹲下去，手忙脚乱地捡碎碗片。捡在手里的碎碗片又不断落下去。母亲又不断地捡。

"老二，老二……"王大妈喊母亲。

母亲突然放下碎碗片，站起来就往外跑。

我站在灶屋门口，看着母亲跑了出去，也跟着跑了出去。跑着跑着，我的泪水就跑了出来。我知道，父亲今天上午就是坐车去完的粮。

跑到出事地点，母亲看着父亲好好地站在那里跟几个人忙，一下子呆了，连话都不会说了。过了半天，两行泪水顺着母亲的脸颊流了下来，落在母亲的衣服上、手臂上。

父亲看见了，忙走了过来。

"咋了你?"父亲问母亲。

母亲不说话，只是流泪。

"咋了你?"父亲又问。语气有些抖了。

"刚才王大妈说车翻了，死了人。妈晓得你就在车上，就跑来看。"我轻声对父亲说。

父亲听了我的话，拿一只手放在母亲的肩上，低声对母亲说："别哭了，恁多人看了要笑。我不是好生生的么?"

母亲听了，忙抬起手去抹眼泪。可是眼泪却越抹越多。

"你看你。"父亲边说边拿手去帮母亲抹眼泪，"快回去，回去吃饭，我还有事——明娃，快跟你妈回去吃饭。"

回家的路上，我看见母亲还是不断地抬手去抹眼泪。

12岁的我知道，母亲为什么有那么多怎么也抹不完的泪水。

夕阳下，父亲母亲站在田埂上。

父亲母亲都弓着腰背。微风吹着他们的白发。这时，父亲母亲的眼睛充满喜悦。

站在田埂上的母亲，一定会向父亲不停地诉说。而父亲只是一心一意地倾听。父亲把什么都埋在心底。

我敢肯定，母亲诉说的父亲倾听的，都与爱情无关。但与庄稼有关，与年景有关。

大爱无言。

文似看山不喜平。本文正是在平平淡淡中演绎了父亲母亲之间那纯朴得一如黑白照片，却又热烈得令人荡气回肠的爱情！母亲的执意要嫁，母亲对心灰意冷的父亲柔弱却坚韧的扶持，尤其是母亲对父亲全心的牵挂与顾念，令人不止一次泪流满面。就连父亲母亲之间的"冷战"也弥漫了那么厚重的爱的气息。

1.父亲母亲之间的冷战，按说是两方都怨恨，而文中却处处体现出双方的互相关心，读后你有何感想？

2.听说车翻了且死了人，母亲很担心。母亲的担心和牵挂是从哪几处表现出来的？

看爸爸妈妈一起变老

◆敬一丹

> 父亲的背影看上去确实是个老人了，那脚步也有些蹒跚。可我竟没怎么想过要去搀扶他，我还是习惯地以为，父母是有力量的。

我好久都没有意识到，爸爸妈妈正在变老。

从小就习惯了妈妈的能干和爸爸的智慧，当我看到他们变得有点儿反应慢了的时候，我还有些不解：这是怎么搞的？看来，接受父母老了，不像接受奶奶老了那么容易，因为在我眼里，奶奶本来就是老的，而父母一直都是年轻的。

父母年轻的时候，是那样英姿勃发。在他们的老影集里有一张黑白照片，那是他们五对青年举行集体婚礼时拍的。爸爸妈妈身着戎装，妈妈微仰着头，像是在唱歌；爸爸笑着，眼睛里荡漾着青春的神采。在自然光下，他们朴素而明朗，像两株向日葵。

后来，有了姐姐，有了我，又有了两个弟弟。生了四个孩子，妈妈才32岁，仍是个风姿绰约的少妇，同时还是个干练的女公安。36岁的父亲望着两儿两女，欣慰地对母亲说："这也是我们对人类的贡献。"那时他们真有精神头儿啊！一到星期天，他们就张罗着，带上吃的喝的，带上大大小小四个儿女，牵着、抱着挤上公共汽

111

车,到松花江边游泳、野餐。记得有一次,爸爸借来一个海鸥120相机,到江边给我们拍照。他在镜头里注视着孩子和背景,问道:"后面,是要树,还是要水?"妈妈坐在长椅上,满足地看着我们,忽然间,她笑了起来,原来,她听到邻座的两个小伙子像念诗一样,一本正经地说:"你看那父亲,和儿女们亲切地商量:'要不要水?'"那时的父母,有体力,有活力,像两棵大树,护佑着他们的孩子。

不知道是从什么时候父母开始变老的。也许是"文革"后期,也许是儿女长大以后,也许是他们退下来的时候。

爸爸刚离休时,从医院回来,自言自语:护士怎么管我叫"敬老"呢?

我问:那应该叫什么?

应该叫"老敬"啊!

我猜想,按爸爸的意思,"老敬",是工作状态;而"敬老",是退下来的状态。对爸爸这样一个以工作为爱好的人来说,这就是走向老态的开始吧?后来,连妈妈对爸爸的称呼也变了,她不再叫名字了,而是大喊:老头儿!

有一年春节,陪父母去深圳世界之窗。人家优待老人,70岁以上免票。我正为这文明之举赞叹,妈妈悄悄告诉我:你爸爸唉声叹气,说:我老了,没用了,人家都不管我要票了!

我一边笑,一边有点儿心酸。父亲的背影看上去确实是个老人了,那脚步也有些蹒跚。可我竟没怎么想过要去搀扶他,我还是习惯地以为,父母是有力量的。

倒是我最小的弟弟最先意识到父母老了。他对父母报喜不报忧的"应付"态度,很像当年我们应付奶奶、姥爷、姥姥的态度。面对絮叨,面对教诲,他只是笑嘻嘻的,那神情像是说:老人嘛!跟他争什么!

父母年轻时,总是给老人,给孩子过生日,总是忽略自己的生日。这些年,孩子们开始为父母过生日了。每逢爸爸生日或妈妈生日时,他们相互之间都会发表赞美之辞,互相给予高度评价。妈妈的理论是:子女对父亲的感情是母亲给培养出来的。所以妈妈常说:你们头脑清楚,像你爸,你们爱学习,像你爸!我年轻时,选择了你们的爸爸,至今不悔!每当妈妈这样说的时候,爸爸都笑而不语。他老人家的眼前,一定又闪过了那微仰着头唱歌的新娘吧?

老爸老妈也许没有听过那首情歌里唱的:最浪漫的事就是和你一起慢慢变老……然而,他们一天天、一年年经历了这过程,子女们一天天、一年年看到了这过程,这真是很浪漫的。2001年,父母将迎来他们的金婚,就在黄金般的秋天。

爸爸妈妈,我们带着感激,带着羡慕,庆祝你们的金婚!

没有爸妈一生的"丰功伟绩",也没有他们的风雨坎坷历程,有的只是平平常常的一些事,真像是看着爸妈一起变老!文中这一个个细节,如缀珍珠。作者用情用心地绘制了一幅金秋黄昏的美景图,用情用心地谱写了一首厚实轻快的抒情曲。

美在厚厚的情蕴,乐在融融的天伦。在最简单、最平易的生活事件中最能见出深沉的情怀。

1.从爸妈对待过生日的态度中可看出爸妈对待子女,特别是对待老人是怎样的?

2.当这对老人将迎来他们的金婚时,你最想送给老人什么?

美金中的爱

◆佚 名

给家庭挤出些时间吧,因为有些东西是金钱所买不到的。不要把时间都用在其他事情上,爱永远是无法用金钱来估量的。

一位父亲下班回到家已经很晚了,很累并有点烦,发现他5岁的儿子靠在门旁等他。

"我可以问你一个问题吗?"儿子问。

"什么问题?"

"爸爸,你一小时可以赚多少钱?"

"这与你无关,你为什么问这个问题?"父亲生气地说。

"我只是想知道,请告诉我,你一小时赚多少钱?"儿子哀求着。

"假如你一定要知道的话,我一小时赚20美元。"

"喔,"小孩低下了头,接着又说,"爸爸,可以借我10美元吗?"

父亲发怒了:"如果你问这问题只是要借钱去买毫无意义的玩具的话,给我回到你的房间并上床。好好想想为什么你会那么自私。我每天长时间地辛苦劳作,没时间和你玩小孩子的游戏。"

113

儿子安静地回到自己的房间并关上门。

父亲坐下来还生气。大约一小时后,他平静下来了,开始想他可能对孩子太凶了——或许孩子真的很想买什么东西,再说他平时很少要过钱。

父亲走进儿子的房间:"你睡了吗?"

"爸爸,还没。我还醒着。"儿子回答。

"我刚才可能对你太凶了,"父亲说,"我将今天的气都爆发出来了——这是你要的10美金。"

"爸爸,谢谢你。"儿子欢叫着从枕头下拿出一些被弄皱的钞票,慢慢地数着。

"为什么你已经有钱了还要?"父亲生气地说。

"因为这之前还不够,但我现在足够了。"小孩回答,"爸,我现在有20美元了,我可以向你买一个小时的时间吗?明天请早一点回家——我想和你一起吃晚餐。"

时间可以换取金钱,也可以换取家庭的亲情和快乐。给家庭挤出些时间吧,因为有些东西是金钱所买不到的。不要把时间都用在其他事情上,爱永远是无法用金钱来估量的。要把我们的一部分时间奉献给我们的亲情和友谊。

1. 你对孩子的思维方式作何理解?

2. 请你设想一下,当父亲听到儿子的这个要求之后,会是何种心情?

平凡的真爱

◆佚 名

他们共用牙膏、橱柜,共有账单和亲戚,同时,他们也相互分享友情和信任……难道这就是他们在一起生活了25年的一切?

玛丽莲不止一次想像过他们的银婚典礼:在一个用鲜花装饰着的白色帐篷里,有一个6人管弦乐队;几百个客人拥挤在帐篷内外,丈夫和她交换着钻石手镯;乐队奏起乐曲,他俩摇摇摆摆地跳着舞;然后,爬上游船,打开香槟酒,泪水涟涟的儿女们在码头上向他们挥手……

而实际情况呢?孩子们把两个汉堡包和几个热狗扔在烤架上,扔得乱七八糟的食品等着他们去收拾,桌子上是他们互赠的礼物:一件看起来什么人都能穿的浴衣,一瓶带喷嘴的淋浴剂。

25年了。玛丽莲时时感到,她和丈夫几乎成了一个人:思想、经历、观点和处理事情的办法已经完全融为一体。

有时玛丽莲会奇怪,在这25年间,她究竟都为他做了些什么,而他又做了什么,让他们互相不能割舍?他不是个兴趣广泛的人,只是偶尔和不多的好友一起散散步,钓钓鱼;她也不是一个脾气温顺的女人,每一个或者两个星期中都要有一把把蔬菜扔到他身上,怒气冲冲地告诉他,她不喜欢总吃同样的食品。现在,她第一次想到,他是否知道她有什么烦恼,是否想过什么办法为她解忧?

丈夫从烤架上拿起最后一个汉堡包,问玛丽莲想不想吃。

"你知道,理查德给利丝买了一枚贵重的钻戒,她给他买了一件长毛皮大衣。"玛丽莲说。

"住在这么热的地方,毛皮大衣有什么用?"他笑着回答。

他开始收拾东西。玛丽莲看着他。

他们一起经历了两次经济危机,3次流产,住过5所房子,养育了3个孩子,用过9辆汽车,有23件家具,度过7次旅行假期,换过12种工作,共有19个银行存折和3张信用卡。

玛丽莲给他剪头发,掖好过33488次右边的衬衣领子;玛丽莲每次怀孕时,他就给玛丽莲洗脚;有18675次在玛丽莲用完车后,他把车子停到它该停的地方。

他们共用牙膏、橱柜,共有账单和亲戚,同时,他们也相互分享友情和信任……难道这就是他们在一起生活了25年的一切?

丈夫走过来,对玛丽莲说:"我给你准备了一件礼物。"

"什么?"玛丽莲惊喜地问。

"闭上你的眼睛。"

当玛丽莲睁开眼睛时,只见他捧着一棵养在泡菜坛子里的椰菜花。

"我一直偷偷地养着它,叫孩子们看见,就该把它毁了。"他乐滋滋地说,"我知道你喜欢椰菜花。"

也许，爱情就藏在这些琐碎、简单的事情之中。生活中到处充满爱，学会从琐碎、平常的事情中去发掘你的爱，你会找到爱的真谛。爱就是从细微中体会出来的滋味。真正的爱永远经得起时间的考验。

1.一起生活了25年，以前生活中的点点滴滴都凝聚着爱，可以说，平凡就是爱。你认为作者这样写有什么独到的作用？

2.文中的几组数据在文章中起到了什么作用？

　　爱，是全身心的给予，爱是全部的付出，爱是默默的奉献，爱没有种族之分，也没有人与动物的界限。当你读完这一辑文章之后，你会为那一幅幅沉痛的画面感染，你也会感动得潸然泪下！是啊，爱到极致，足以惊天地、泣鬼神。亲情互动就是这样，随风而行，润物无声。当你读出爱的真谛，那便是幸福至极！

天堂的玫瑰

　　爱,是人类的独有财富;爱,是一种不可多得的珍品;爱,是一种高尚的情操。当它升华时,可以奔流不息,可以惊天动地,可以发挥非凡的潜力,可以能人所不能。

生命奇迹

◆韩翠杰

母亲得的这种病,目前世界上还没有药物能攻克。究竟是什么力量支撑着母亲又活了两年多的时光?

儿子再有一年就要参加高考了。但医生告诉母亲,她得了绝症,而且只有一个月的时间了。

母亲没有把医生的话告诉任何人,包括自己的儿子。母亲生活在乡下侍弄几亩薄田,农闲时就去村口卖冰棍,攒钱供儿子念书。儿子从小就失去了父亲,母亲是儿子惟一的精神支柱。没有母亲,儿子就在学校里吃不上饭,更不用说读书学习了。

母亲不声不响,她拒绝接受医生化疗的建议。因为她知道,需要一笔昂贵的费用。而自己只有一个月的生命了,多维持几天又有什么价值和意义呢?

母亲照旧去田间劳作。玉米长势喜人,谷子眼看着也要大丰收了,母亲不想放弃。母亲仍然去村口卖冰棍,她不去,孩子们想她,母亲去学校给儿子送伙食费,母亲喜欢看儿子一身校服精神快乐的样子……这一切,母亲都舍不得放弃。

母亲一直没有流泪,她在跟生命赛跑。她在心里说,在儿子考上大学之前,一定不能让死神撵上。

就这样一年过去了,母亲在忙碌中忘记了自己的病痛。儿子高考落榜,整日愁眉苦脸,母亲给了儿子一记响亮的耳光,儿子被母亲这一耳光打清醒了,他在母亲面前发誓,一定重新振作起来。

儿子去复读,母亲还不能倒下。儿子需要钱,需要帮助。于是,母亲仍然顽强地奔波着。

县邮政局送高考状元通知书的喜车来时母亲正在村口卖冰棍,她颤巍巍地接过录取通知书,眼泪滚滚而下。突然,母亲伏在冰棍箱上,再也没有站起来。

大家把母亲送到医院里。医生诧异地发现,她就是两年前那个已被医学宣判死刑的病人!母亲得的这种病,目前世界上还没有药物能攻克。究竟是什么力量支撑着母亲又活了两年多的时光?医生们百思不得其解。

这件事成了轰动一时的新闻,母亲用生命创造了一个生命奇迹。医学界对此进行了深入的研究,最终却没有得到一个令人满意的答案。

只有她的儿子知道那个奇迹产生的原因。那就是:母爱。

母亲在与生命赛跑,她不能被死神撵上,因为儿子在求学,还在复读,还没有考上大学,她是放心不下儿子啊!

1. 医生百思不得其解,你能解其中味吗?
2. 是高考状元通知书夺走了母亲的生命,你说是不是?

恨 的 力 量

◆王月冰

人是一种感情动物,情感对于人的作用,有时比理智还要强大。有人说,爱是生命的动力,那么,恨就是人生一种更为强大的动力。

太平洋一座珊瑚岛上的一个小渔村里,有两个渔民萨曼和道玛斯,他们是一对亲如兄弟的好朋友。

有一天,为了给钟爱的妻子买一副手镯,萨曼执意要道玛斯和他一起出远海去捕鱼,那是渔民们很少去的海域。出海后,不幸遇到了暴风雨。小船顷刻间被砸成碎片,两个渔民被抛进大海,他们拼命抓住一块船板才得以暂时活着。他们不知道离海岸有多远,更不知道家在什么方向,惟一的奢望就是坚持下去,好碰到一条路过的船。

他们已经在大海中漂了整整三天三夜,口干舌燥,饥饿难耐,抓着船板的手指头都抓出了血,伤口被海水浸泡得发白,胳膊更是酸痛难忍。裸露在水面上的身子全爆开了皮,而水面下的腿早已失去了知觉。

萨曼对伙伴说,实在坚持不住了,不行了。年长一些的道玛斯坚持说,再坚持一下吧,也许我们命不该绝。萨曼实在熬不住了,他悲哀地说,如果你能活下去的话,请告诉我年轻的妻子,我至死都在爱着她……道玛斯只是默默地听着。萨曼拼尽最后一点儿力气,请求道玛斯照顾自己怀孕的妻子,待孩子生下来,给他取上自己的名字。

"萨曼!"一直保持沉默的道玛斯突然开口说,"在死之前,有件事我必须告诉你。""什么事?""你最挚爱的妻子和人私通!""什么?你说什么!"萨曼像被打了一针强心剂似的失声叫起来,愤怒的烈火点燃了他。此后,萨曼两手紧紧抓住船板,全然忘记了手指裂开的剧痛,嘴里不停地追问道玛斯,逼他说出奸夫的名字。此刻,他心里只有一个念头:活下去,一定要活下去!万能的上帝保佑我吧,哪怕只让我到岸上活一个小时,我一定要找到……而道玛斯始终守口如瓶。

终于,一艘路过的商船发现了他们,他们被送到了医院。经过几个小时的抢救,神志渐渐清醒了。而道玛斯的病情严重,生命处于垂危状态。最后时刻,萨曼俯在道玛斯面前急切地呼唤着,请求他告诉自己那奸夫是谁。

道玛斯很艰难地告诉他:"我骗你的……""你为什么要骗我?""我如果不骗你……你现在还能活在人世吗?"说完,他就死了。

人是一种感情动物,情感对于人的作用,有时比理智还要强大。有人说,爱是生命的动力,那么,恨就是人生一种更为强大的动力。

因为恨,愤怒的烈火使他在身心疲惫下忘了死神的青睐;因为爱,才使他产生恨而不致被死神带走。

1.萨曼若不被道玛斯激怒,结果会如何?
2.从本篇文章中,能读出朋友的意义是什么吗?

墙上的母爱

◆陈志宏

我从采访包里取出照相机,把墙上那密密麻麻的字全拍了下来,准备把照片作为礼物送给她,我觉得作为母亲,她确实不容易。

跳槽到报社做记者以后,我又新租了一间房子。当房东打开房门的时候,满墙的涂鸦之作以逼人的气势侵略性地进入我的视野。

我惊问:"这墙怎么涂得这么吓人?"

房东说:"我也没办法。这样吧,你找几个民工用石灰浆涂抹一下,我免你一个月的房租。"

这是一宗很划算的买卖,我立刻点头答应。

大概一个星期后,我叫来两个民工刷墙。还没开工,一个女人把民工师傅拦住,双手坚定地比划着,嘴里咿咿呀呀地叫。她是个哑巴。

我跟她解释:"这房子是我租的,墙上太脏了,刷干净点儿好看一些。"

女人横在那里,毫不退缩。

我没有办法,只好叫房东来解围。

房东说:"小陈,她以前就租住在这儿,这些东西是她画的。她肯定是舍不得把这些乱七八糟的东西刷掉。她很蛮横,你还是让着她吧。"

我让民工师傅先回去,把女人留下来,和她笔谈,再经过房东的补充,渐渐地,我明白了女人凄苦的身世,以及她对女儿深深的思念。

女人怀孕的时候,丈夫在一场车祸中丧生。多少亲戚朋友劝她流产,再寻别的男人,她怎么也听不进,固执地要把孩子生下来。

就在女人临产前夕,丈夫单位要收回房子,将她扫地出门。她强忍着,租下了这间小房子。不久以后,她在这间出租屋里生下了一个女孩。

女人没有生活来源就沿街捡破烂,靠那点可怜的收入养家糊口。女人倾注了全部心血在女儿身上,教她识字看画,教她唱歌跳舞。小女儿变得天真活泼,人见人爱。

女儿3岁那年,女人生了一场大病。医好之后,她成了哑巴,与人交流只有通过纸和笔了。为了女儿的前程,女人把她送给别人,自己一个人过孤独的日子。

女人隔三差五就去幼儿园看女儿。女儿学了"a、o、e"之类的拼音,她回来就在墙上写上出"a、o、e",女儿学了一首儿歌,她回来之后,就在墙上写下儿歌的名字。没过几年,四面墙被涂抹得满满当当。

刚开始,房东叫她不要在墙上乱画,但听到她咿咿呀呀的叫唤之中透着凄苦的苍凉,便由着性子让她去。突然有一天,女人边抹眼泪边进屋,关上门后,整整哭了一宿。

从此以后,再也没有在墙上写下一个字。房东猜想,她女儿可能是随养父母迁走了,也可能是女儿不认这个哑巴母亲。

在我租这间屋之前,女人在这儿整整租住了15年。

听到女人的这个故事,我的心莫名地感伤起来,我对女人说:"这墙我不会涂的,你什么时候想看它,就来看它好了。"

女人走后,我从采访包里取出照相机,把墙上那密密麻麻的字全拍了下来,准备把照片作为礼物送给她,我觉得作为母亲,她确实不容易。

第二天,我接到异地采访任务,离开了这座城市。一个星期后,我结束采访,回到租住屋里,不禁大吃一惊,字墙没了,取而代之的是光洁照人的墙面!房东告诉我，我走后，她叫人把字墙给弄掉了。望着四面白墙，我突然感到空落落的，像是丢失了一件心爱的宝贝。

现在我惟一能做到的，就是尽快把字墙的照片洗好，这成了我的责任和使命。

照片洗好了，我等待着哑女的出现。可惜，很长时间过去了，她一直都没有踪影。

不知她到哪儿去了。

一位健全的母亲，尽心尽责地去呵护自己的子女，她会既高兴又满足。而作为一位有残疾的母亲，生活无依，只好忍痛将女儿送给他人，可女儿终究离她而去，满腹的挂牵，也只有看到这涂鸦的墙，才稍稍慰藉母亲的心。此情此心，何人能解！

1.哑母为什么不让别人涂刷墙面？

2.记者拍下墙面上密密麻麻的字，是为了采访的需要吗？

3.哑母为什么又请人刷新墙面？她是因为找到了自己的女儿吗？

守望

◆苁蓉

> 但我相信，她们一定会好好地活着，那位坚强的父亲在他人生最后时刻，还送了女儿一份珍贵的礼物，让她读懂了生命的真谛。

那是几年前的事了，那时，我还在一家医院里做医生。我主管的12床是位姓李的工程师，在他的床号卡片上写着"肝癌晚期"。我没有过多地去关注他，因为我知道我的一切努力都是枉然，还有更多的病人需要我去为他们解除病痛，恢复健康。

半月以后，我在为李工做腹水穿刺时，发现腹水已经呈血性。做完穿刺我暗示李工的妻子随我来到办公室，我用医生惯有的冷静口吻告诉她："一般在发生血性腹水后患者的生存期不会超过两个月，请你做好思想准备。"李工的妻子一下子呆了，然后哭着哀求我，希望我无论如何要帮李工熬到7月9日以后，因为他们惟一的女儿今年高考。我充满同情地看着她，答应会尽全力去做。

然而李工的病情仍在继续恶化，持续的癌性疼痛以及因腹水不断增多而导致的难以忍受的满胀感，把早已不成人样的李工折磨得大声呻吟。李工的妻子每隔两三天便跑来找我："陈医师，为老李抽腹水吧，看他那样子，我实在受不了。"有一天，当李工的妻子第六次找到我，我只好对她说了实话："照目前李工的这种情况，如果频繁地抽腹水，只会加速他的死亡。"李工的妻子缄默了，好一会儿，才低低地吐出一句话："那就不抽吧。"然后，她转过身去，佝偻着身体，踽踽地向病房走去。我注视着那个憔悴而沉默的背影，直到那一刻，我才真正体会到，在她那干瘦的身体里承受了多么深的悲伤！

这以后，李工的妻子再也没有提出要我去为李工抽腹水，甚至连李工的呻吟也少了。只是，有一天，护士小余对我说："今天我给12床换床单，发现12床的垫絮都被他扯掉了好大一块。"

李工17岁的女儿并不了解父亲的病情已严重至此，她满怀感激地对我说："苁蓉姐，谢谢你关照我爸爸，我一定会考上大学的，到时，我爸爸就会很高兴，他的病也会好得快一些。"她说这话的时候，语气里竟充满了喜悦，这个单纯的女孩始终坚信她父亲的生命会像星星之火，重新燃烧。

然而，死神的脚步却越逼越近。6月13日上午，李工第一次出现肝昏迷，我们全科医务人员当即投入到紧张的抢救工作中。李工的妻子始终握着丈夫的手，不断地重复着一句话："她爸，为了我们的女儿，你要活着。"两天后，李工终于醒了过来，李工的妻子将脸偎近丈夫的头，泪如雨倾。

此后，李工又出现过两次肝昏迷，可每一次他都奇迹般地醒了过来。而在李工发生肝昏迷期间，为了不影响女儿的临考心理，李工的妻子执拗地不再允许女儿来病房探望她父亲。

在我们的无声祈祷中，李工终于熬到了7月9日。那天，碰巧我休班，在医院门口，正欲外出的我遇见考完最后一门课的李工的女儿，她高兴地告诉我："苁蓉姐，我考完了，考得很好，我爸爸的病也会好的。"她蹦跳着急于要跑去告诉她父亲这个好消息。我站在那里，不知为什么突然喉头发紧，心里悲哀到极点。一丝不祥的预感深深地箍紧了我，我转身快步向病房走去。站在病房门口，我清楚地看见李工早已混浊的眼睛变得明亮起来，一滴清澈的泪水从他多皱的眼角流淌出来，他定定地看着女儿，艰难地牵动着唇角，笑了。

当天午夜，李工再一次进入昏迷状态，一直不安地守在病房的我和值班医师当即对他进行抢救，我们尽了最大的努力。三天后，李工终于放弃了最后的挣扎，永远离开了人世……

12床就这样空了，我也再没有那对母女的消息，但我相信，她们一定会好好地活着，那位坚强的父亲在他人生最后时刻，还送了女儿一份珍贵的礼物，让她读懂了生命的真谛。

心灵体验

父亲走了没有遗憾，他在生命的弥留之际，在与死神抗争，他要给女儿以希望，留给女儿一笔财富，让女儿读懂父亲的心。

放飞思维

1. 护士发现12床的垫紧被扯掉了好大一块，说明了什么？
2. 父亲弥留之际，为女儿留下了一份什么样的珍贵礼物？
3. 高考结束了，父亲流泪了，却又欣慰地笑了，为什么？

一 路 放 歌

◆陶 红

> 我有一种说不出的感觉，我不知道这个小女孩还能唱多久。那时候，我真希望这辆车没有终点站，让这小女孩一路放歌下去。

当我爬上南去的汽车时，发现座位已经坐满了乘客，只好将就点在前面的加座上坐了下来。汽车没驶出多远，又停了下来，拦车的是一位妇女，带着一个六七岁的小女孩和一个鼓鼓囊囊的包。上车后，她们两个也只好和我一样，在车头坐了下来。

可能是由于我喜欢小孩的缘故吧，我不免多看了几眼坐在我旁边的小女孩，小女孩很漂亮，白白的皮肤，大大的眼睛，扎着两只小羊角辫儿，一身红色的小套装很鲜艳，就像太阳一样，亮亮的。

小女孩偎在妈妈的旁边，怯怯地望望我，望望车上所有的人。女孩的妈妈虽然嘴唇上擦了一层口红，但是人看起来还是很憔悴，脸上有一些忧虑的神情。那望着女儿的眼神实在让人心动，说得严重点儿，就想把女儿塞进眼里去。

车驶出市区，加快了速度，母亲把女儿抱在了自己的腿上，小女孩的羞怯感慢慢地消失，望着妈妈的眼睛，竟唱起了歌。她会唱的歌还真不少。

唱了好长的一段时间，小女孩可能累了，再加上汽车的颠簸，最后在妈妈的

125

怀里睡着了。年轻的母亲可能怕女儿着凉，看看我，请我帮她从包里拿出件衣服。我拎过那鼓鼓囊囊的包，拉开拉链，里面东西很多，茶缸、牙膏都有，我在她的指示下拿出件外套，又拉上拉链。妇女连声谢我。为了让女儿睡得舒服点儿，她缩回了半伸的腿。我呢，鬼使神差地凑上前，伸头对妇女说：你的女儿真漂亮，皮肤真白。我觉得我没有夸张，睡着的小女孩是很白。没想到妇女在我一句夸赞的话后，眼眶里竟噙满了泪水，那泪水在眼眶里转了一会儿，还是掉了下来，掉在小女孩红色的小套装上。我扫了一眼周围的旅客，很多人都在闭目养神，没有人注意眼前发生的一切。

她还是开口对我说：她的女儿可能得了血液方面的病，这次就是去大医院确诊一下的。我听后，失神地望着睡熟的小女孩，感觉她的嘴唇血色是很少，脸上的皮肤真的有一种苍白感。

我的鼻子酸了，年轻的妈妈的眼泪又无声地滴了下来，落在小女孩的脸上，小女孩在热泪中醒来，望着妈妈，她举起小手，一边给妈妈擦眼泪一边说："妈妈，你怎么啦，我唱歌给你听好不好？等下了车，我跳舞给你看行吗？"年轻的母亲搂着女儿，吻着她的小手，连声说："行，行。"

女孩的歌声又响了起来，听着那歌声，嫩嫩的，望着那张苍白的小脸，也嫩嫩的。我有一种说不出的感觉，我不知道这个小女孩还能唱多久。那时候，我真希望这辆车没有终点站，让这小女孩一路放歌下去。

小女孩天真无邪，但苍白的脸透出她可能得了不治之症，她不知道，还是那么欢乐无忧，因为她有她的妈妈在呵护着。只要有可能，妈妈宁愿患病的是自己。

1.小女孩真漂亮，皮肤又白，旁观者一句由衷的赞叹却引来母亲的眼泪，说明了母亲的心境是如何的？

2."我真希望这辆车没有终点站，让这小女孩一路放歌下去。"这句话表现了作者怎样的思想感情？

抢救孩子，我替你开路

◆沈震中

> 我发动汽车跟在推土机后面，好奇而焦虑地看着他怎么开路：推土机那巨大的铲斗铲起满满一斗泥土，然后倒进深沟。

"小孩窒息，请速按第三套规程处理！"我马上意识到了事情的紧迫，跑了出去。真倒霉！我这个刚刚上任的加利福尼亚州地亚歌代理行政长官，接到的第一个电话便是一件人命关天的大事，并且发生在几英里之外。我决定走那条尚未完工的近道插上101高速公路去，可是，当我穿过那密集的车流驶到高速公路的近旁时，马上就发现没有便道可以驶上去。在我和那条公路之间是一条几米宽的深沟和一堵陡直的路堤。

我下了车，望着那条繁忙的公路。"我的上帝，"我暗自叹道，"我该怎么办呢？"

"怎么回事，长官先生？"

我抬起头，看见一个人高高地坐在一辆巨大的推土机上面。

"小孩窒息，很危急，我得赶去抢救，可这儿没路，要是绕道，那肯定就来不及了。"

几年的训练教会我此刻该如何控制自己的情绪，可遇到这样的挫折我怎么不心焦呢！

"跟着我，长官先生！我来替你开条路。"

我发动汽车跟在推土机后面，好奇而焦虑地看着他怎么开路：推土机那巨大的铲斗铲起满满一斗泥土，然后倒进深沟。

快！快！快！时间成了我的敌人。

接着，推土机在路堤前推出一个斜坡，大堆大堆的土不断朝斜坡堆了上去。一会儿，路开成了！我觉得等了好几个钟头。然后，推土机开上路堤，上了公路，截断了来往的车辆，留给我一条宽阔的通路。

警笛尖叫着，车轮飞转着，不一会儿便到了事发地点。我跳下车夺门而入。孩子的妈妈颤抖着把孩子递给了我。我紧张极了：我来迟了？上帝保佑！

我把孩子按住，然后紧张地施行那套曾经受训的急救措施……一粒纽扣从孩子的喉咙口跳了出来。

孩子尖叫起来，皮肤泛出了红色，两个小拳头在空中乱挥。他得救了。

我回到车里，把经过记入工作记录，用无线电报电话机报告了情况，然后，怀着一种兴奋感缓缓驱车离开了。

　　第二天，我独自驾车来找 24 小时前曾经受阻的那个地方。我一眼看见了那辆推土机，便减慢了车速。我要去谢谢那位司机。

　　可他却先朝我跑过来，结结巴巴地说："那……那孩子……"他停下了，激动得说不出话来。

　　我感到有点惊讶，但试着安慰他说："那孩子一切都好，谢谢你——你帮我救了他的小生命。伙计，咱俩合作得不错！"

　　他却哽咽道："我……我知道，可我不知道那是……"他使劲咬着嘴唇轻声说，"那是我儿子。"

　　本文讲述了一个看似偶然的故事。感人、惊喜之余却又告诉我们一个其实很浅显的道理：与人为善，就是与己为善。

　　推土司机若没有善心驱使他这么做时，他就将付出沉重的代价——失去他的儿子。是啊，在这个世界上，我们是一个整体，亲情没有界限！

　　1.如果推土司机师傅事先知道是自己的儿子需急诊，你猜猜结果会如何？

　　2.从本文中你能体验出亲情所包容的范围吗？

舍　　弃

◆澜涛文

　　　　当选择被逼上割舍，当割舍的是心的一部分，
　　　　那舍弃的是狭隘，留下的是浩荡的爱啊。

　　我和哥哥是双胞胎，可从记事起，我和哥哥都觉得，我们长得一点儿都不像。

　　家里除了我和哥哥，还有妹妹，母亲一个人拉扯着三个孩子，日子一直过得紧巴巴的。零食是我们三兄妹都不敢奢望的。

　　一次，母亲去给一户新结婚的人家帮忙，人家给了她两块喜糖。母亲给了妹妹

一块，剩下的一块，母亲看看我，又看看哥哥，说道："就一块了，你们抓阄，谁抓到了给谁。"母亲说完，就找来两张纸条，分别写上了"吃"和"不许生气"，放到家里那个瓷罐子里，盖上盖，晃了晃，将盖打开，我抢先抓起了一个纸条，迫不及待地打开，一下就泄气了，纸条上写着"不许生气"。

这以后，母亲再无法定夺什么的时候，就采取抓阄的方法。尽管我总是输，但我从来没有过怨气，因为我认为这是公平的结果，怨只能怨自己的运气不好。

初中毕业的时候，我和哥哥一起考上了县城的重点高中，母亲又拿出了家中那个屡次被派上用场的瓷罐，将写好的两个纸条团好，放了进去，摇了摇，对我和哥哥说道："一个纸条上写着'上学'，一个纸条上写着'上班'。抓住哪个就是哪个……"空气变得异常压抑，几乎让人窒息。哥哥走到母亲面前，伸手要去抓纸条，母亲犹豫了一下，拦住了哥哥，说道："让你弟弟先来吧。"母亲将瓷罐递到我面前，我的手颤抖着伸进瓷罐。我终于抓起了一个纸条，打开——"上班"。我疯了般跑出家门，身后传来母亲和哥哥的呼唤……

第二天，我就到一家小煤窑做起了挖煤工。

很快，哥哥高考，并被一所名牌大学录取，妹妹也考上了一所重点高中。家里的钱却越发的紧巴了。我决定外出到省城去打工。到省城后，我没有找到工作，就摆起了地摊。一年后，我的地摊变成了一个摊床，终于可以勉强供哥哥和妹妹的学费了。

一次，路过哥哥上学的学校，撞见他正在啃干馒头，连咸菜都没有，我暗暗说一定要让他吃得好些。通过朋友介绍，我开始走私。哥哥知道后，劝说我不要再做走私生意，不要犯法。我笑笑，说："我小心些，不会有事儿的。"

我还是被发现了破绽，丢下摊床躲了起来。一天，哥哥来电话，说母亲病了。我风风火火地赶回家，结果被等在家里的警察抓住了。警察带我走的时候，母亲哭得像个泪人。

我被判了6年刑。

妹妹来看我，劝说我要好好改造，出去了还可以重新开始。我苦笑，说那次上学还是上班的抓阄就已经决定了我的命运，我认命了。妹妹急了说道："那次抓阄，你跑出去后，妈妈和哥哥都去追你，我把瓷罐里的另一个纸条也打开看了，那个纸条上写着的也是'上班'，是妈妈作弊了，不是你命不好，你不能向命运低头啊……"

多年前，母亲就已经将我舍弃了啊。我僵愣着，不再有泪落下来，我已经成了一个被抽空血液的躯壳。母亲来看我，带给我一对护膝，说我有关节炎，特意为我缝制的。我把护膝推还给母亲，说道："我没有母亲，你以后不用来看我了……"哥哥还是常来看我，每次来都带着那对护膝，我发现每次，那对护膝都会变厚一些，哥哥告诉我，每次护膝被退回去后，母亲都要再缝上去一层。我暗想，多少层也暖不了我的心了。

出狱后，我和朋友开了一家小吃店。一年后，我自己的饭店开张了。没有上大学的疼痛却越来越剧烈，记忆便常常回到那个决定命运的抓阄的日子……

一天，妹妹再次找到我，脸色抑郁。我不耐烦地说道："有什么事快说，我还有事。""妈病了，快不行了，她说她想见见你。"我心里咯噔一下，嘴上却强硬地说着"我没有妈。"妹妹却自顾自地说道："我不久前回老家去的时候，邻居的老人告诉我，哥哥是爸和妈收养的……"我刚刚出生的时候，哥也正好生在小村的另一个家庭。当时，那个家庭的女人生产哥哥时大出血而亡，那家的男人抱着哭叫不停的哥哥找到母亲，母亲就把哥哥收留了下来。我和哥哥两岁多那年，那个家庭的男人和我的父亲在一场大火中，因为抢救公物双双而亡，母亲就带着我和哥哥，还有小妹一起生活……

我如被电击般怔呆了，世界在我身边空茫着、膨胀着……母亲从未舍弃掉我啊！当选择被逼上割舍，当割舍的是心的一部分，那舍弃的是狭隘，留下的是浩荡的爱啊。而我却用自己的无知、浅薄、狭隘伤害着自己，也伤害着母亲。我疯了似的奔向火车站，我在心底不停地祷告，祷告上天能给我和母亲多一点儿的时间……可还是晚了，当我赶回家乡的小村，母亲已经埋在了黄土下面。扑跪在母亲的坟头，捧着母亲为我缝制的那对护膝，我将头一次次磕下，心里一声声叫着"妈妈，妈妈……"

心灵体验：　　谁的母亲不爱自己的孩子？而我却一次又一次地被舍弃：好吃的东西不归我，上学的机会不归我，而因犯法骗回家送入警察手中的还是我，好像我不是母亲所生，可是，母亲真的舍弃了我吗？她把爱又留给了谁？读罢此文，谁不会被这位母亲震撼！

1. 妈妈作弊时，她想到了什么？
2. 题目定为"舍弃"，其含义有哪些？

孩子不能没有妈妈

◆邓康延

> 世上万般情感,恣肆汪洋,但倘若随波逐流地
> 去溯源,源头一掬必是爱。

世上万般情感,恣肆汪洋,但倘若随波逐流地去溯源,源头一掬必是爱。

你的快乐、思恋是爱的拥抱;你的忧伤、痛楚是爱的失约;而你的悲愤、痛恨则是爱的背叛。对于深爱者,青草青青,蓝天蓝蓝;对乏爱者,青草只是青草,蓝天不过蓝天。

1912 年,英国豪华客轮泰坦尼克号在驶往美国的大洋上触冰山将沉,乘客史密斯夫人的两个孩子被抱上了快超载的救生艇,她却不能再上去了。眼睁睁望着即将生离死别的骨肉,她绝望地痛哭起来:"我是她们的妈妈呀⋯⋯"这时,坐在艇上的一位女士站了起来,决意换回史密斯夫人。她像回家一样走回泰坦尼克号,只留下一句话:"孩子不能没有妈妈。"

全世界在那一刻静场。

几分钟后泰坦尼克号沉没,1503 人丧生,其中有那位女士。当时没有人知道她的名字。

世事千秋,人生百年。而今,在这个战火难熄、天灾人祸不断的地球上,人类好像已是失爱的孩子,但让我们永不绝望的,或许就是那位无名女士饱含爱意的一句话:

"孩子不能没有妈妈。"

是啊,"孩子不能没有妈妈",在生与死的抉择关头,同是女性,表现出的那种视死如归般镇静,缘于她也知道这两个孩子会失去妈妈!全世界在那一刻也该静场啊!

1.你能体会"孩子没有妈妈"这句话的深刻含义吗?

2.你如何看待那位女士当时的行为?

把生命送进狮口

◆佚 名

凶残可以夺走生命,却夺不走永恒不变的一个字:爱。

他和妻子驾驶着一辆满载生活用品的卡车奔驰在无边无际的热带草原上,他们要去处于草原深处的建筑公路的基地。

就在这时,突然在他们的近前闪现出一头凶猛的狮子。卡车加大马力狂奔,试图甩掉狮子,狮子却紧追不放。

他们越是心急,令他们恼火的事情偏偏发生:汽车陷进一个土坑,熄火了。要想重新发动汽车,必须把车子摇着。可狮子就趴在车外,眈眈而视。

大声吼吓,抛掷东西,两个人办法施尽,狮子却丝毫没有走开的意思。无奈中,他拥着妻子在车里度过了漫长难耐的一夜。可是狮子比他们还有耐心,第二天早上,这头猛兽还守在车外,向这两个要到口边的美味垂涎。

太阳似火,空气仿佛都在燃烧。妻子已经开始脱水了。在热带草原上,脱水是很可怕的。不用多久,人就会死亡。他只有紧紧拥住妻子,似乎只有这样,才能不让狮子和死亡把她带走。此时,他们内心的绝望比狮子还狰狞,必须行动了,否则只能坐以待毙。他说:"只有我下去和狮子搏斗,或许能取胜。"其实两个人心里都很清楚,即使他们的力量加起来也未必抵得过那头猛兽。妻子像是在自言自语:"不能再待下去了,否则不是热死,也会筋疲力尽,最后连开车的力气也没有了。很多人都在等我们回去,再不回去,他们连饭都吃不上了。"

车外,狮子一点儿都没有对他们失去兴趣,它欲耗尽对手的生命,以延续它的生命。没有刀光剑影,生与死在沉寂中却铿锵相对。

不知过了多久,妻子轻轻地说道:"我有一个办法。""什么办法?快说!"丈夫多么希望听到她能把他们引向生路啊!妻子默默地伸出双手,搂住他的头,深情地凝望着,然后一个字一个字地说:"你一定要把车开回去!"说着,眼里涌满泪水,他突然明白了妻子的所谓办法,抓住妻子的肩膀吼道:"不行!不!"妻子扳开他的手:"你不能这样,不能冲动。你下去,谁开车。"她话没说完,就猛地推开他,打开车门,跳下去,拼命地向远方跑去。

狮子随之跃起,疾追而去。

她这是将生命送进狮口,为丈夫铺设生还之路。

他只觉得热血冲头，欲爆欲裂。他抓起摇把，跳下车，追向狮子。他怎么能看着自己的妻子活活被猛兽吃掉呢？

妻子的声音从远处传来："快把车开走！快开车！"他的心被撕扯着，刺扎着。他在妻子的喊声中回到车前，发动起汽车，疯了般地追向狮子。

远远地，狮子撕咬妻子的情景也撕碎了他的心。汽车撞向狮子，那猛兽才惊慌地逃走了。

草原上只留下响彻很远的哭声——凄惨、悲凉、断肠。

这是1999年10月的一天，一个叫刘火根的看山老人讲述的故事。老人就是那位丈夫，他和妻子是当年中国援建非洲一个国家的筑路队成员。27年前妻子用生命留给他的爱一直深刻在他的心里。

去时是双，回来是单。回国后，刘火根把妻子的骨灰绑在身上隐居在深山护林，直到今日。他说，寂静的地方能让妻子睡得踏实，也能让他更清楚地听到妻子灵魂的声音。他说，27年来妻子的骨灰从未离开过他的身体，以后也不会。哪怕死了，他也要和妻子相陪相伴、不离不分。

凶残可以夺走生命，却夺不走永恒不变的一个字：爱。

看完此文，不禁被文中的故事感动得潸然泪下。"爱"，是这个世间永恒的主题。

爱是给予，用身心；

爱是付出，用全部；

爱是奉献，默默的，伴随你的人生之旅。

1.妻子是因为不会开车才不得不做出牺牲自己的决定？

2.刘火根老人是怎样将妻子留给他的爱深刻在他心里的？

幸福的第六根手指

◆田实玉

生命中曾拥有的那根幸福的第六指及爷爷那根蜷曲了 15 年的大拇指，确实给安东尼的爱情、事业和人生指明了非同凡响的方向。

安东尼生下来的时候，右手大拇指左侧居然多长了一根小小的第六指！这根手指的形状与其他手指也没什么两样：一样的指节，一样的指甲指纹。只是它很小，而且有时还会微微抖动。医学上称这种现象为"六指"。其实，这是正常现象，算不上什么大病。

但安东尼的父母认为这根多余的手指会影响儿子的健康成长。为了不让安东尼长大后伤心自卑，他们把刚出生的安东尼带到了婴幼儿医院。医生却告诉他们，至少得等 8 年才能替安东尼做手术切除手指。安东尼的父母有些失望，可爷爷萨特听说后却安慰他们："没事儿，我保证我孙子在这 8 年中会和其他小孩一样健康聪明的成长！"

安东尼慢慢长大了，那根小小的第六指也同样变大了。不知为什么，小家伙和爷爷最投缘，他刚满 10 个月的时候，就伸开一双小手叫"爷爷"了。安东尼当然还不知道多长一根手指有什么不妥，而全家其他人却已经开始为这个小小的肉钉动心思了。尽管爷爷萨特表现得一点儿也不担心，但他的内心却也一样非常不安，他害怕有一天安东尼会因为这个与众不同的第六指而伤心颓废甚至自暴自弃。安东尼一天天长大，他学会了说话，学会了走路，而萨特也开始着急为第六指寻找最合适的理由。

终于有一天，3 岁的安东尼从幼稚园回家后，眼泪汪汪地问萨特："爷爷，为什么我比其他小朋友多长一根手指头呀！"萨特不知从哪里找到的灵感，他拍拍孙子的头许诺，只要他闭上眼睛就告诉他一个奇妙的故事。安东尼听话地闭上了双眼，萨特轻声说："安东尼，你看，我的左手大拇指蜷曲了，它在我掌心里睡着了。"萨特掌心朝上，将大拇指藏在掌心里，他告诉安东尼：从你出生后，我这根手指就再也伸不直了，我想它肯定是想贴着我的掌心偷懒，所以……"所以，我就替您长了一根手指对吗？"聪明的安东尼马上睁开眼睛，破涕为笑了，萨特无比激动地拉过安东尼，把孙子的右手和自己的左手并排放在一起，说："瞧，这不就是两只手吗？正好 10 个手指，不多也不少！"

天真的安东尼开心地笑了。不久前,还因为小朋友们的取笑而伤心的他,这会儿甚至为自己多长的这根手指而自豪呢。萨特迅速把这个故事告诉了所有的家人和朋友,他还请安东尼的老师一起来帮助安东尼。当老师惊异地问萨特怎么会想到这个绝妙的方法时,萨特笑道:"是因为奇妙的血缘亲情啊,有一段时间,还甚至考虑过是否割掉我的大拇指呢。"

开始,萨特只是在见到安东尼时,才会条件反射般地把左手大拇指蜷起来,有时时间稍长一点儿,他的左手大拇指就会麻麻的生疼,非得右手帮忙才能舒展开。渐渐地,萨特竟然习惯了时刻把左手大拇指蜷起来,不熟悉他的人还以为萨特真的只有4根手指呢。

萨特慢慢习惯了用4根手指牵着安东尼漫步;习惯了用食指和中指夹着刀叉进餐;甚至习惯了用4根手指教安东尼弹琴。晚上睡觉时,他的左手大拇指还紧紧地贴在掌心里呢,要用很大的劲才能把它舒展开来。聪明懂事的安东尼听了爷爷的故事后,突然对他的第六指特别爱护起来,他总喜欢在小小的第六指上涂很厚的营养霜,以免它干裂什么的。他还告诉所有人,他为爷爷长了一根大拇指。

安东尼在幼稚园跟同学讲他的爷爷的故事时,小家伙们听得津津有味。有的小孩甚至还祈祷圣母玛利亚让他们也多长出一根手指头呢。大概萨特也没有预料到,这个善意的谎言会让安东尼因为一根多余的指头而比别的孩子自豪幸福。没有人取笑安东尼,其实对于一个聪明漂亮的小孩来说,多一根小小的手指头又算得了什么呢。

转眼,安东尼8岁了,已经到了可以做手术切除手指的年龄了,萨特却不知道该怎么跟安东尼说,因为安东尼告诉老师,他要在爷爷的手指伸直后,才会切除第六指。而当萨特想扳直左手大拇指时,他才发现这根手指已经完全变形了。5年来,这根大拇指一直习惯于蜷曲地缩在掌心里,看来现在要重新扳直它已不大可能。这根原本直而有力的大拇指,蜷曲5年后已变得萎缩、瘦小而软弱无力,它已经与其他4根手指有了很大的区别。老实说,将大拇指蜷起来的5年里,并没有给萨特带来太多的不便,而那些和孙子讲述"幸福的六指"的日子,也确实给安东尼带来了快乐的童年,给他自己带来了巨大的满足与幸福。

当安东尼听说他可以在医院动手术切除手指后,连忙问萨特:"我切除第六指后,您的手指会重新伸直吗?"萨特的心里涌起一阵温暖,他也很想伸直这根手指啊,可是那好像已不可能了。为了让安东尼安心去做手术,萨特用纱布缠住自己的大拇指,他告诉安东尼他已经动了手术,他的手指马上就可以伸直了。这样,安东尼才听话地去医院做切除手术。

安东尼的手术非常成功,而萨特手上的纱布却缠了好久。他想尽办法让自己的手指伸直,但不争气的大拇指却不听他的使唤。安东尼做完手术后,见爷爷的手还没伸展开,十分沮丧,他甚至说爷爷欺骗了他,他很后悔丢失了那根属于爷孙俩的第六指。

随着时间的流逝,安东尼慢慢长大,他开始忙于自己的学习和生活,不再关心爷爷的手指,也渐渐淡忘了第六指的故事,最后他甚至认为爷爷手指原来就是这样的。

10年后,78岁的萨特突发心肌梗死去世了。他去世时,左手掌心向上,大拇指一如既往静静地躺在掌心里,这年安东尼18岁。也就是说,萨特的左手大拇指已经蜷曲了整整15年。这根大拇指曾刻意蜷曲了5年,但在余下的10年中,它想变成原样,却始终没有成功。尽管这样,萨特在这10年里却也过得十分开心幸福。

安葬萨特后,安东尼的父母告诉了他第六指的故事,安东尼十分震惊,他在爷爷的遗像前长跪不起:"爷爷,为了让我相信拥有第六指就拥有更大的幸福,您把一根健康的手指隐藏了15年,是您给了我完整的人生啊。"

后来,安东尼成为一名人体器官学教授,他将他的实验室取名为"第六指与一双手",安东尼对人体各种器官,特别是手指的研究,在国际医学领域无人能及。生命中曾拥有的那根幸福的第六指及爷爷那根蜷曲了15年的大拇指,确实给安东尼的爱情、事业和人生指明了非同凡响的方向。

手有残疾,常理以为不幸。慈爱的爷爷却煞费苦心地让它变成了一件带给孩子自豪幸福的事。爷爷以刻意蜷曲了15年的大拇指成功消除了安东尼因手有残疾而可能出现的伤心自卑。爷爷的一个大拇指确实给安东尼的爱情、事业和人生指明了非同凡响的方向。那个幸福的第六指和蜷曲的大拇指,多么生动形象地向我们诠释了爷孙之间睿智、深厚的爱。

1.倘若不是爷爷善意的谎言,孙子幼小的心灵很有可能受到创伤,或许自卑、自贱等,发挥你的想像,爷爷若不说谎,孙子的人生将如何?

2.爷爷宁愿伤自己却把爱留给孙子。在你的生活当中,也有类似的故事吗?说说看。

在网络上呼唤的母爱

◆微 笑

> 天下的母亲啊,原是可以为了一个能够帮助
> 孩子的渺茫的希望,做出超乎想像的事情。

两个多月前的一天,我像平常一样牵猫上网点开主页,突然发现论坛里多了一条不同寻常的帕子——标题是《阿毛回来啊》,署名是"想毛毛回来的妈妈",至于正文部分,却付之阙如,一个字都没有!

这年头……灌水也要灌得专业一点啊? 作为文学论坛的版主,平素我最讨厌的就是这种空无一物浪费别人眼球和网费去赚经验值的帖子了,当下鼠标一点,将之删除了。

这本来是很寻常的事,不寻常的是第三天的晚上,10点多了,我正迷迷糊糊准备下线,最后刷新一次论坛——又是《阿毛回来啊》,又是"想毛毛回来的妈妈",又是空无一字的灌水帖!怎么搞的?我立刻在线给这个人发了个消息:"您好,此类帖子将被视为恶意灌水,请发一些具有实质性的言论。"嗯?没有反应?再一看,人家发完帖子就退出论坛了! 我一肚子的"论坛基本法"没有听众,只好有几分恼怒地删帖了事。

再次上线,我的眼珠子立刻从眼眶里弹了出来——那个阴魂不散的灌水帖又冒出来了! 不同的是,这次后面多了一个 Oicq 号,还有一句"请不要删除"。不删除? 给我个理由先! 我立刻打开很久没有用过的 QQ,找到这个不设防的号码:"Hi!"

"微笑,请你不要删除我的这个帖子好吗?我以一个母亲的名义恳求你。"只一句回话就令我愣住了,满腔怒气消于无形。

"我是吉林人,我的儿子毛毛大专毕业到一家公司做了出纳,结果交了坏朋友,拿了公司 17 万元现金跟人跑了。公安局一直让我叫他自首,可我找不到他啊。他没给家打过电话,也不知道这大冬天的躲在哪里……上个月,那个一起跑的人回来自首了,他说他也不知道毛毛在哪里,但是,他们都爱上网,原来就是在 QQ 聊天认识的——网上多坏人啊。"

网上确实多坏人,但也有很多好人啊!网人并不是独立存在的一个种族,他们就是你身边的每一个人在社会规范相对薄弱的网络世界显露出的另一个面孔。我不很同意"想毛毛回来的妈妈"的话,若"毛毛"是个意志坚强的孩子,他就会懂得

137

洁身自好，已经是成年人了，保温箱里也有诱惑不是吗？但我没有反驳，我理解一个母亲的心。

"毛毛再没有上过QQ，可他也许还会去论坛玩吧？哪怕他不说话，但是一定在的。我在我能够找到的所有论坛里都用这个名字留言，他看了，就知道妈妈在等他，就会上QQ来找我的——这个号码，是他以前给我申请的，他在的时候，我一次也没用过……"

"那您已经找了他很久了吧？"我很好奇，一个如我母亲年纪的妇人，是如何坚持一个大海捞针的行动。

"37天了，我没离开这个网吧，毛毛他爸给我送点饭，他有心脏病，不能熬夜，我就白天黑夜在这里……实在困了也不敢睡熟……有一次网吧里停电，半天不能上网，我怕毛毛就恰好那会儿来了，急得我哭啊……哭着就睡着了……"

37天不眠不休？我不知道那是什么概念，只是想哭。天下的母亲啊，原是可以为了一个能够帮助孩子的渺茫的希望，做出超乎想像的事情。

"这些日子，也有好多网上的人来问我，我也告诉了他们，他们都鼓励我……还帮我找更多的论坛的地址，有的还帮我把我的帖子复制到各个网站……有个小伙子，也是东北的，总是叫我'娘'，上来就问'有俺大哥的消息吗'……还有个教心理学的老师说，可能毛毛已经看见了我的帖子，甚至已经隐身上线看见我了，只是因为害怕，不敢和我说话，只要多守几天，他就会出来……要不是这些人安慰我，我想我早绝望了……"

我把我们Oicq的聊天记录贴在我的社区，然后把她的"灌水帖"放在我论坛最醒目的位置。这位母亲的故事传开了，大家在浏览其他网站时，都自发地把这个帖子复制过去。据副版主"吟馥聪"编写的"社区简史"记载，那是我们"灯下文字"的第一次大规模集体灌水行动……

最近得到的消息，那位母亲因为长时间上网熬夜而住院，网友们把这一消息贴遍了大小论坛和聊天室，"毛毛"终于回到了母亲身边，自首了。服刑后，将重新开始他的人生。他那伟大的母亲两次给予了他继续生活的机会。

我们已经进入了"e"时代：短信、伊妹儿、QQ令我们目不暇接。当我们魅惑于世界的精彩与无奈，当我们叹惋于人心的冷漠与不古时，不再感到寂寞与孤独，因为，母爱，已飞越沧桑，御风而至！倾听在网络上呼唤儿子回家的母亲的心声，细数在生活中关注儿女成长的母亲的白发，我们疲惫的心灵定会因母爱的沃灌而饱满充实、晶莹剔透！

1.是什么原因使我没有删除"灌水帖"?
2.母亲和"毛毛"的事迹给了你什么样的启示?

闪光的母爱

◆刘卫

> 她入院时体重 121 斤，分娩后体重 86 斤，临终前的体重只有 63 斤。她是在用自己的血肉孕育、哺育这个孩子。

这是一个不幸的女人，在一个风大雨大的夜晚，一辆肇事车将她从斑马线上撞飞出去，又在茫茫夜色中逃逸。她又是幸运的，我们交警和医院、保险、社会保障等部门统筹协调，刚刚开通了"交通事故绿色生命通道"。这个"绿色通道"让她在第一时间得到了最好的医疗救护，也没有医疗费用上的后顾之忧。

自从入院以来，她一直昏迷不醒。医生说她脑部神经受到损伤，也许永远也醒不了。她还有身孕，已经 5 个多月了。出于治疗上的需要，应该考虑引产。可当她从神经外科转到妇产科病房，医生却迟迟下不了决心实施这个手术，她腹中的胎儿不仅发育正常，而且在一些生命指数上，高于同孕期胎儿，这简直就是一个奇迹。

她的身世也是个谜。在事故现场，只遗落着她简单的行装。她是谁，她有着怎样的人生?她从哪里来要到哪里去，她的匆匆旅程是与谁相约?她腹中胎儿的父亲又是谁?这其中有着怎样的故事?只要她不清醒，这一切都将无从得知。更没人清楚，她在出事之前，日子是快乐，还是忧伤。

她得到了妇产科护士最精心的护理，她们让她的身体始终干净清爽，散发着孕妇特有的芬芳。她们愿意与她共同呵护一个生命奇迹。

时光在她的昏睡中一天天地过去。后来她被推进了产房。后来医生骄傲地宣布:5 公斤重的男婴，健康极了。那一刻有掌声响起。

护士小姐把她的孩子抱来给她看，她们觉得虽然母亲是植物人，但是也应该让母子见见面。她们惊喜地发现她胸前濡湿一片，有乳汁分泌。她们小心翼翼地把婴儿的嘴贴上去。随着婴儿本能地吸吮，她脸上的肌肤竟然在微微颤动，那分明是在笑啊。此时，每当护士把她的孩子抱来吃奶时，她的脸上都会出现这种幸福洋溢

139

的表情,有时嘴里还会发出含混不清的音节,一如一位快乐的母亲在对着婴儿呢喃细语。神经科医生以此推论:她的大脑可能一直是有意识的、清醒的,只是神经中枢的连接出了问题,使她失去了语言与行动能力,无法表达自己的思想与感受。

她的身体早已虚弱到了极点。母乳喂养,只能加速她的衰竭。可是,谁又能忍心剥夺她这样一位母亲哺乳的权利。

三个月后,又一次让孩子吃得饱饱的,她终于平静安详地离开了这个世界。很多人都想领养她的孩子。几经权衡,我们还是选择了儿童福利院。福利院长大的孩子都姓"党",老院长也说了,他们不会让这个孩子受一丁点儿委屈,否则就对不起他妈妈。

依据有关的政策她的丧葬费只有几百元,是不能把一个人体面地打发上路的。我们交警队事故科的同事,凑了2000元钱,请护士小姐们给她买几件新衣服。护士长却说:"不用了,我们都已经准备好了。那一天,我们医院所有已经做了母亲的和将来会做母亲的人,都会去送她。护士长还说,她入院时体重121斤,分娩后体重86斤,临终前的体重只有63斤。她是在用自己的血肉孕育、哺育这个孩子。本来她生下他后,就可以"走"的,可是她怕自己的孩子没有奶吃,怕他觉得孤独,又坚持着在人生路上陪他走了一段。

后来我们用这点钱给她买了一块平价墓地。没有她的名字,没有她的生平,所以墓碑上只有一行文字:"一个全身上下都闪烁着母爱光辉的女人。"

母爱是什么?母爱是润物的细雨,是醉人的春风;是撒哈拉沙漠中,母骆驼为使即将渴死的小骆驼喝到水纵身跳进深潭的壮举;是油锅滚沸中,母鳝鱼为保护腹内的鱼卵始终弓起中间身子的优美姿态;是老藏羚羊纵身跳下悬崖为小羊踏在它的身上跳向另一山崖的无畏。

1.从女人入院到去世,身体的体重变化说明了一个什么问题?

2.你对墓碑上的那行文字:"一个全身上下都闪烁着母爱光辉的女人。"作何理解?

母亲墙，永远别绝望

◆王 莲

> 假如父亲是梁的话，母亲就是墙。没有梁，房子不结实，没有墙，却难以成家。母亲这堵墙塌了，一个家也就散了。

有两个故事一直震撼着我这个做母亲的。

一个是杜拉斯讲的。地点是法国东部的一个小镇，时间是盛夏的一个下午。一个住在高速铁路不远处废弃的车厢里的人家，因为长期拖欠水费，自来水公司便派人停了这户人家的水。独自在家的女人，守着两个分别是4岁和一岁半的孩子。整个下午，她无法给孩子洗澡，也没有水给孩子喝，直到太阳落山，做临时工的丈夫归来。不知道他们是怎样商量的，全家人离开居住的车厢，走向不远处的铁轨。然后，卧在铁轨上，最后一齐被轧死。杜拉斯想像道："为了让孩子们安静下来，说不定他们还唱着歌哄着孩子们入睡呢。"杜拉斯叙述得很平静，可是她又说，"这真是一个令人发狂的故事。"

第二个故事是朋友讲的。一个10来岁的男孩，放学经过菜场时，没头没脑地抢了肉贩一块肉就跑。健壮的肉贩没费一点力气就抓住了男孩，夺回肉，抢过书包，扔下一句话："叫家里大人来。"天黑后，男孩跟在母亲身后来了。母亲一见肉贩就不停地说对不起。肉贩不依不饶。母亲的泪就掉下来了。她艰难地说："实在是我们没把孩子教好……可是，可是他已经大半年没吃过肉了。他以前不是坏孩子，就原谅他这一次吧？"肉贩竖着的眉头一下子就掉了下来。他拿起刀，割下一大块肉，然后弯腰从案板下拎出书包，双手递给悲伤的母亲。母亲木然地一并接过，说声"谢谢"，牵着孩子的手，蹒跚地走了。回到家里，母亲用这块肉做了一顿香喷喷的晚餐。久病的父亲还饮了半杯酒。后来，他们全家携手来到楼顶，纵身一跃……

我不是一个悲观的人，可是复述这两个故事，依然叫我哽咽。我常常想，支持我们在绝望中一次次活下去的理由，究竟是什么？平庸的人说是本能，善良的人说是责任，坚强的人说是信念；我则以为是自尊——不是为丧失了自尊就是选择去死的自尊。我的自尊是为了不死，努力地活。哪怕水深火热！哪怕走投无路！妥协和绝望是人类的致命顽疾。而摧毁一个家庭的有力武器，是摧毁这个家庭母亲的意志。母亲不妥协，这个家就不会完；母亲不绝望，这个家就还有希望。假如父亲是梁的话,母亲就是墙。没有梁,房子不结实,没有墙,却难以成家。母亲这堵墙塌了,一个家也就散了。

为人母的女人,可要好自为之啊!

两个悱恻动人的故事,令人产生多么悠长的哀叹,多么深重的思考!人生之旅,曲折漫长,既有鲜花盛开,蝶飞蜂舞,又有淫雨霏霏,道路泥泞,我们当何去何从?文中的比喻贴切而生动:母亲是家中的一堵墙,墙塌了,一个家也就散了!母亲,又是多么得沉重!

1.世间只有母爱最深沉、博大,可为什么两个故事中的母亲都亲自杀死自己的孩子?

2.第二个故事中的母亲道歉说实在没有教好孩子,你认为呢?

血 色 母 爱

◆佚 名

在这次雪崩灾难中,在迟迟得不到救援的生死关头,母亲以一种感天泣地的行为,用自己动脉里流淌的鲜血为女儿指引了生命的方向!

罗莎琳是一位性格孤僻的13岁少女。在她还不谙世事时,父亲就去世了,母亲索菲娅一手将她抚养大。因为贫穷,罗莎琳常常受到许多人的歧视和欺侮,久而久之,她对母亲也开始心生怨恨,认为正是母亲的卑微才使她遭受如此多的苦难。索菲娅在一家清洁公司工作,每天起早贪黑地忙碌也只能拿到微薄的薪水,看到女儿的性格日益封闭,她心里也很难受,总想做些什么让女儿快乐起来。

2002年2月下旬的一天,索菲娅兴冲冲地回家对女儿说,为了表彰她的努力工作,公司要放她一个星期的假,她想带罗莎琳去阿尔卑斯山滑雪。听了母亲的话,罗莎琳立即兴奋起来,脸上顿时浮现出少有的笑容。出发前,索菲娅特意去商店里买了两套银灰色的羽绒服,因为她觉得这种颜色跟雪最接近,而雪让人想到美丽和圣洁。

母女俩乘车到达了毗邻马行斯堡小镇的57号滑雪场。由于索菲娅和罗莎琳母女俩并不会滑雪,教练教了她们足足两个小时的滑雪技巧。结束辅导后,教练再三警告她们,在适合滑雪的地段都插上了许多彩色的小旗,滑雪者只能在这些地方滑雪,而不能擅自偏离路线,否则容易迷路或是遭遇雪崩、棕熊等意外危险。但被兴奋冲昏了头脑的母女俩根本就没有把教练的警告当回事,她们的心完全沉醉在阿尔卑斯山那美丽而壮观的雪景中。她们不知不觉地偏离了插满红色小旗的安全雪道。不久,她们惊恐地发现,她们迷路了。

索菲娅开始心慌起来,她和罗莎琳一边滑雪一边大声呼喊,希望有人能够发现她们。对雪地环境缺乏经验的母女俩不知道声音正是滑雪者的大忌,在地形和情况都不熟悉的雪坡上行走或滑雪,必须特别注意避免发出较大的声响,否则就有可能引起可怕的雪崩。

突然,罗莎琳感觉脚下的雪地在轻微地颤抖,同时她听见一种如汽车引擎轰鸣的声音从雪坡的某个地方越来越响地传来。几乎与此同时,索菲娅也感觉到了异常,她很快就意识到了什么,马上冲女儿大叫:"糟糕!我们碰上了该死的雪崩!"索菲娅的话音未落,一座小山似的巨型雪块发出雷鸣般的响声朝她们站立的位置飞速扑来。在雪块接近身体前的短暂时间里,索菲娅扔掉滑雪杆,拉着女儿的手连滚带爬地迅速奔向雪坡中部的一块巨大的岩石,她希望这块岩石能够使她们不被大雪埋葬。但即使有巨石阻挡,狂暴的雪崩还是将躲在岩石后面的母女俩盖住了。她们昏迷了过去。

不知过了多久,她们苏醒了,休息了一会儿后,她们决定徒步寻找回滑雪场俱乐部的路,但是,母女俩绝没有想到的是,因为缺乏野外生存技巧,她们辨识不了方向,她们这一走就是30几个小时!

又一个寒冷的黑夜降临了。在白天,母女俩发现了四五架救援直升飞机从天空掠过,但是都没有人发现几乎和雪地浑然一色的她们,索菲娅很后悔穿那套银灰色的衣服,但是她又不能脱下来,因为她外套里面的衣服同样是浅色的,而且女儿的内衣也是浅色的,在这种极寒的雪地环境里,只要将保暖的外套脱下来数分钟,人就会冻得失去知觉。母女俩跌跌撞撞地在深可没膝的雪堆里艰难跋涉着,饥饿和寒冷的痛苦紧紧纠缠着她们。

再一次迎来白天的时候,母女俩又开始了跋涉。走着走着,体力不支的索菲娅一个趔趄栽倒在地上,脑袋碰着了一块埋在雪地里的石头,鲜血立即涌了出来,染红了身前的一小片雪。索菲娅抓起一把雪抹在受伤的额头上,然后在罗莎琳的搀扶下站起来。突然,她的目光似乎被脚下那一小片被鲜血染红的白雪吸引住了,她怔怔地看着,若有所思。母女俩继续在雪地里走着,但她们的体力变得越来越虚弱,罗莎琳终于走不动了,她和母亲彼此依靠着坐下来,极度的疲劳和饥饿使她很快就伏在母亲的腿上进入了梦乡……

罗莎琳醒来的时候发现自己躺在医院里,她起先还以为是梦,但医生告诉她这是事实,她昏迷在雪地里,被雪崩救援人员发现紧急送到了红十字医院。医生还不无沉痛地告诉罗莎琳,真正救她的其实是她的母亲!救援人员在索菲娅的遗体旁发现了一块染满鲜血的锋利的岩石切片,而她的左手动脉被切开了。事后经过法医勘察现场,推测是索菲娅自己用岩石切片割断了动脉,然后在血迹中爬了十几米的距离,目的是想让救援直升飞机在空中能够发现她们的位置,而救援人员正因为看见了雪地上那道鲜红的长长的血迹才意识到下面有人……

医生的话还没有说完,罗莎琳就痛哭起来。她一直以为做清洁工的母亲是极其卑微的,甚至曾以母亲的卑微为羞辱,但是在这一瞬间,她发现母亲原来是如此伟大!在这次雪崩灾难中,在迟迟得不到救援的生死关头,母亲以一种感天泣地的行为,用自己动脉里流淌的鲜血为女儿指引了生命的方向!罗莎琳终于心痛地明白,自己原来一直都拥有着一份人世间最珍贵的财富,那就是比血更浓的母爱!

读罢此文,我已泪流满面!谁说母爱润物无声?谁说母爱没有深度?爱到极致,母爱足以惊天地、泣鬼神!沐浴血色母爱,任何的讴歌赞美都流于肤浅,都显得苍白!

1. 罗莎琳发现母爱的伟大时,却已失去了她最至爱的母亲,有什么比这更悲痛?读后你有什么感慨?

2. 从罗莎琳母女俩的生死旅游中,你还能明白一个什么道理?

天堂的玫瑰

◆佚 名

也许明天的爱不复炽热,以后的日子归于平淡,但我们相信,远方有个人在为我们守候,期限是——一万年。

罗丝最喜欢红玫瑰,她的名字也是玫瑰的意思。每一年,丈夫都会送给她一些玫瑰花,花上系着漂亮的丝带。这一年,她丈夫去世了,玫瑰花依然送到了她的门前,卡片上仍然像从前一样写着:"做我的妻子吧!"

她丈夫年年给她送花,每一次他都写着这样的话:"对你的爱今朝更胜往年,时光流转,爱你越来越多。"她想,今年的玫瑰一定是丈夫提前预定的。以后再也不会有玫瑰花了。一想到这些,罗丝禁不住泪如泉涌。

她心爱的丈夫并不知道自己会如此逝去。他总是喜欢把事情提前安排妥当,以往即使再忙的时候,凡事仍能从容办好。

罗丝修剪了玫瑰,把花插进一只很特别的花瓶里,花瓶旁摆放着丈夫满面笑容的遗像,她在丈夫心爱的椅子里一坐就是几个小时,伴着玫瑰花,痴望着他的相片,沉浸在美好的回忆中。

一年过去了,失去了丈夫的日子使她觉得十分难熬,孤独和寂寞占据了她的生命。让她做梦也想不到的是:情人节前夕,门铃响了,有人送来了玫瑰花。

她把花拿进来,心中非常惊讶。是谁在恶作剧,为什么要惹她痛苦?于是她打电话给花店。

店主向她解释说:"我知道您的丈夫一年前去世了,也知道您会打电话来询问究竟。您今天收到的花,是您丈夫提前预购的。您丈夫总是提前做好计划,万无一失。他预付了货款,委托我们每年送花给您。去年他还写了一张特别的小卡片,嘱咐说如果他不在了,卡片就在第二年送给你。"

她谢过店主,挂上了电话,泪水涌流而下。手指不住地颤抖着,慢慢地打开了附在玫瑰花上的卡片。

卡片里是一张他写给她的便条。她静静地看着:"你好吗,我的妻子?我知道我已经去世一年了,我希望这一年你没有受太多的苦。我知道你一定很孤单,很痛苦。我们的爱曾使生活里的一切如此美好,我爱你千言万语说不尽,你是完美的妻子,是我的朋友和情人,让我心满意足。时光只过去了一年,请不要悲伤,我要你即使是流泪的时候也是幸福的,这就是为什么玫瑰花将会年年送来给你。当你收到玫瑰的时候,想想所有的快乐吧,我们曾经是多么幸福啊。我的妻子,你一定要好好地活着啊。请……珍惜生命,追寻幸福吧。我知道那不容易,但是你一定要想想办法。玫瑰花每年都会如期而至,除非你不再应门,花店才会停止送花。那一天,花店的伙计会上门来访 5 次,以防你只是出门去了。但是,访问过 5 次之后,他就可以确认:这些花该送到另一处我指示给他的地方——我们重逢相聚的地方。"

假如有人对你说："我永远爱你。"你是否会相信呢？我们没有什么理由不相信。无论将来变成怎样，我们会愿意相信这个承诺，会把这份承诺变成永远。也许明天的爱不复炽热，以后的日子归于平淡，但我们相信，远方有个人在为我们守候，期限是——一万年。

1.在生时丈夫年年送花给妻子，妻子当然感到幸福，当丈夫已在天国之时，妻子仍然收到他送来的花，妻子此时的感动无疑会转为更深的怀念！这种爱是何等的深沉！读后你有何感想？

2."我们重逢相聚的地方"是哪里？